NEFERTITI

NEFERTITI

SEÑORA DE LAS DOS TIERRAS
Ámbito político, social y religioso de su reinado

TERESA ARMIJO NAVARRO-REVERTER

ISBN: 84-9764-741-6
Depósito legal: M-28414-2005

Colección: Mujeres en la historia
Título: Nefertiti
Autor: Teresa Armijo Navarro-Reverter
Coordinador general: Felipe Sen
Coordinador de colección: Mar de Ventura Fernández
Diseño de cubierta: Juan Manuel Domínguez
Impreso en: LÁVEL

ÍNDICE

INTRODUCCIÓN

La arqueología va sacando a la luz los datos de un rey grabados en las paredes de un templo, logra recomponer los pormenores de una batalla por los relieves de un palacio, descubre un archivo lleno de tablillas de arcilla escritas, que contiene una valiosa información sobre edictos, pleitos, tratados o simplemente cartas que nos muestran la manera de actuar de las personas de entonces. Estas piezas van cayendo sobre la mesa del historiador, que debe acoplarlas para componer el mosaico del pasado. Tarea fascinante pero difícil en el caso de la antigüedad, pues pocas de las evidencias de la época llegan a exponer claramente un hecho concreto o encajan perfectamente en otras existentes de forma que se pueda determinar con certeza la veracidad de un acontecimiento. Si estos problemas surgen con los reyes, protagonistas de la historia, se agravan con sus esposas, sombras vivas de los soberanos. ¡Tan complicado resulta el bucear en el tiempo!

A pesar de estos contratiempos, los hallazgos documentales o arqueológicos deben ser las únicas fuentes de deducción histórica. Sin embargo, la belleza y encanto de Nefertiti, su posible complicidad en los cambios político-religiosos de su esposo Akenatón, así como en otras singularidades del momento histórico en el que vivió, han suscitado tanta curiosidad que, con frecuencia, se tiende a novelar su historia.

Esta obra tiene como objeto ser veraz con los restos encontrados para que aporten luz sobre la figura de una de las reinas más famosas de la Historia Universal. Para ello situaremos al personaje en su entorno familiar, político y universal; recopilaremos los rastros de su paso por Tebas y Amarna; nos introduciremos en las tumbas de sus súbditos para reconocerla en los relieves de sus paredes y oír las plegarias dirigidas a la reina; seguiremos sus actuaciones públicas y sus representaciones privadas, únicas en el arte egipcio; buscaremos sus imágenes de poder y escarbaremos en unas cartelas* que han sembrado la discordia y que apuntan a una corregencia de la reina con su esposo en los últimos tiempos de Amarna. De todas estas evidencias trataremos de deducir su personalidad y su posible influencia en los acontecimientos de una época en la que el pensamiento humano voló por senderos desconocidos hasta entonces, convirtiendo los pocos años de su duración en uno de los periodos más interesantes de la historia de Egipto.

NOTAS PARA LA LECTURA

Las citas de las cartas de Amarna van seguidas de las letras EA y la última numeración dada por Moran en su traducción *The Amarna Letters*. Baltimore y Londres de 1992.

TT seguido de un número significa la Tumba Tebana de la que hablamos y TA la Tumba de Amarna en cuestión. Las demás letras seguidas de algún número se refieren a los edificios de Amarna de acuerdo con la explicación dada en el capítulo II *El descubrimiento de Amarna*.

Las palabras acompañadas de un * están explicadas en el Glosario al final del libro.

I. MOMENTO HISTÓRICO EN EL QUE NACIÓ NEFERTITI

Egipto y el mundo en el reinado de Amenofis III

Nos encontramos en un momento fascinante de la historia, uno de esos raros periodos en los que la diplomacia reemplaza a las guerras y las armas ceden el paso a las palabras. Durante más de cincuenta años, en el rincón oriental del Mediterráneo, el Oriente Próximo siempre conflictivo, había reinado la paz.

Cuatro grandes potencias, Egipto, Mitanni, Hatti y Babilonia, dominaban esa parte del mundo. Sus reyes se llamaban entre sí *hermanos* y trataban de solucionar sus problemas por medio de unos embajadores o mensajeros, los cuales portaban sus misivas escritas en tablillas de arcilla en lengua acadia, el idioma diplomático del momento. A su sombra se acomodaba una serie de pequeños reinos o ciudades estado, gobernados por sus príncipes nativos, pero dependiendo de un gran rey. Estaban obligados a pagar tributo a la metrópoli y a cumplir una serie de normas de vasallaje, más o menos severas e internacionalmente aceptadas, por lo que tanto las grandes potencias como los pequeños reinos independientes se comportaban de acuerdo con ese orden establecido.

En este ámbito internacional se inicia el reinado de Amenofis III, suegro de Nefertiti. Desde los primeros años, la diplomacia fue el arma utilizada en política exterior y parece que dio resultados hasta que en la ciudad de Hatti, situada en los riscos de Anatolia, subió al trono un gran guerrero, Shuppiluliuma, que ambicionaba las ricas ciudades sirias en poder de Mitanni. El débil rey mitano, Tushratta, vuelve su mirada angustiada hacia el faraón tratando, por todos los medios a su alcance, atraerse su incondicional ayuda. Amenofis no hizo ningún ademán de acercamiento hacia *su hermano* Tushratta; la corte egipcia debió de pensar que lo más sensato era mantener una diplomática distancia, equidistante de los focos perturbadores, Hatti y Mitanni, con el fin de no involucrar a Egipto en una contienda ajena a sus intereses.

Cuando Hatti se consideró la potencia más fuerte del momento, rompió el pacífico orden mundial. Los ejércitos hititas avanzaron por Siria, y Tushratta no fue capaz de mantener sus dominios. Este amplio movimiento hitita condujo a Shuppiluliuma al borde de las fronteras de Mitanni y de Egipto. Allí se detuvo. No quiso querellas con el faraón que no había intervenido en favor de Tushratta y no se arriesgó, o no le interesó penetrar todavía en Mitanni. Lo cierto es que convirtió el norte de Siria en un hervidero. La paz había terminado.

La postura diplomática de Amenofis III para mantenerse al margen del conflicto entre Hatti y Mitanni favoreció la paz en el interior de Egipto, pero provocó la pérdida de su prestigio internacional y la inestabilidad en sus colonias asiáticas. Esta pasividad egipcia, ante la gravedad de la situación exterior, no pudo deberse a la ignorancia, pues los vasallos mantenían a la corte perfectamente informada. Quizá debemos buscar la causa en esos largos años de paz, en los que la sociedad egipcia vio aumentar su nivel de vida, se acostumbró al lujo y sibaritismo y disminuyó su espíritu guerrero. Parece que nadie quería jugarse la vida por el conflicto de una lejana ciudad. Las unidades egipcias desplazadas a Asia no debían de estar bien adiestradas ni suficientemente disciplinadas y en varias de las cartas de Amarna muestran su ineficacia en el momento de solucionar los problemas de las colonias. Pudo contribuir a este desorden aparente que los reclutamientos periódicos no debían de cubrir el número de soldados requeridos para mantener la paz en el gran imperio y, por esto, aumentaron los mercenarios que sólo sabían actuar como tropas de choque, acostumbrados a entrar a sangre y fuego en cualquier lugar. Esto fue lo que hicieron en el palacio de Jerusalén, donde casi matan a su príncipe, cuando debían defenderle (EA 287).

La correspondencia de Amarna abarca aproximadamente desde el año 30 del reinado de Amenofis III hasta principios del reinado de Tutankamón. En todo momento las colonias egipcias muestran un desbarajuste e insubordinación totales, y no apreciamos, ni en tiempos de Amenofis III ni posteriormente de Akenatón, una reacción interna para poner en marcha un programa militar que volviera a suscitar el espíritu patriótico de lucha. Parece que la sociedad, el Gobierno y el faraón dieron la espalda al problema asiático.

En el sur, Egipto tenía otras colonias: Nubia y el País del Kush. Para los reyes poco guerreros, como es el caso de Amenofis III y Akenatón, estos territorios se transformaron en pequeños campos de batalla donde obtener fáciles victorias sobre tribus díscolas que, engrandecidas por la sabia publicidad real, convertían al faraón en el vencedor de los enemigos del país del Nilo. Pero el mayor beneficio obtenido de los países del sur era el oro extraído de sus ricas minas, que hacían del faraón el rey más rico del entorno y de Egipto el país predominante en la economía mundial, donde *el oro abundaba como si fuera polvo* (EA 19). Las grandes potencias demandaban con frecuencia al faraón el envío de oro para realizar sus construcciones, que más tarde pagarían con creces por medio de un intercambio negociado por los embajadores de ambos países, es decir, se comprometían a devolver el valor del oro más sus intereses. Se pueden, por tanto, considerar estas transacciones como préstamos internacionales que enriquecían las arcas del faraón y convertían Egipto en el Banco Mundial al que recurrían los demás grandes reyes. Nubia y el País del Kush abrieron sus tesoros a las arcas faraónicas engrandeciendo a sus monarcas y, con ello, enriqueciendo también a la sociedad egipcia.

Primeros años de reinado. Mutemuia

El reinado de Amenofis III es muy conocido por sus magníficas construcciones, cuyos restos se hallan a lo largo de todo el Nilo, incluso en Nubia; por el maravilloso desarrollo del arte que apreciamos en las tumbas privadas; por la gran proliferación de esculturas, siendo, por lo que sabemos hasta ahora, el faraón más representado de la antigüedad, con un inventario de más de 200 estatuas. De nuestro conocimiento sobre su reinado destacan también la magnitud de sus festivales y procesiones, así como el gran harén, en el que el rey parece coleccionar princesas extranjeras. Sin embargo conocemos muy poco de sus acciones concretas de gobierno. Por esto, la imagen que tenemos de esta época es un Egipto rico y afortunado regido por un rey suntuoso y una corte sibarita y refinada. Nos parece también que Amenofis III siempre estuvo manejado por la prepotente nobleza y, curiosamente, por las mujeres de su entorno. Por esto, vamos a estudiar su reinado a través de las dos reinas que dominaron la figura del rey y que fueron las antecesoras inmediatas de Nefertiti.

Amenofis III fue hijo de Tutmosis IV y una esposa secundaria llamada Mutemuia. Como en tantas otras ocasiones desconocemos el origen de esta dama, a quien a principios del siglo XX se identificó con una princesa mitana, teoría hoy descartada por la egiptóloga americana Betsy Bryam en su libro sobre Tutmosis IV (1991). Es importante destacar que el hecho de la ascensión al trono de un hijo de una esposa secundaria del anterior faraón es bastante corriente en esta dinastía, como podemos comprobar en el *Anexo 2*, en el que figuran las sucesiones al trono de este periodo y las esposas reales o secundarias de los faraones

Amenofis fue un rey muy longevo; conservamos datos de su existencia del año 37, lo que presupone unos 38 años de reinado, es decir, fue uno de los más largos de la historia. Esto hace también pensar que el rey subió al trono siendo un niño, dándose como edad más aceptada entre siete y doce años. Vamos a tomar la edad más temprana, ya que, estudiando la historia de este rey, comprobamos que la primera década parece desarrollarse con una misma tónica de gobierno, probablemente bajo la regencia de su madre, la reina Mutemuia, o de un grupo de regentes de la nobleza que ya desde entonces moverían a su antojo los hilos de la historia. La mayor peculiaridad de estos primeros años es la publicación de unos grandes escarabeos narrando las proezas del rey. Algunos parecen contener un mensaje político, ya que se editaron en número suficiente para traspasar las fronteras de Egipto y llegar a los príncipes vasallos. Por ejemplo, uno de ellos nos cuenta que, en el año segundo del reinado, el rey mató a noventa y cuatro toros salvajes, eso sí, deja muy claro que iba acompañado de todo su ejército. Suponiendo que en el segundo año Amenofis tuviera sólo unos ocho años, parece difícil que acometiera tal proeza. Puede que, siendo Amenofis todavía un niño, los regentes consideraran imprescindible dar a entender, de forma metafórica, que en Egipto había un rey con una gran fuerza militar capaz de enfrentarse con

14

toros salvajes, léase príncipes asiáticos que intentaran sublevarse. Estos escarabeos son un nuevo sistema de publicidad real y de mensaje diplomático enviado al exterior.

La importancia de la madre del rey, Mutemuia, la encontramos en los misteriosos poderes mágicos del faraón. Para comprobarlo vamos a internarnos en el magnífico templo de Luxor durante la famosa procesión de la fiesta Opet*.

Quizás por ser hijo de una esposa secundaria, Amenofis III sintió, como otros reyes de esta dinastía, la necesidad de un continuo reconocimiento divino como portador legítimo de las dos coronas. Para esto utilizó una festividad anual que pregonaba públicamente su lícito poder: la fiesta Opet, iniciada por la reina Hatshepsut. Consistía en una magna procesión desde Karnak a Luxor, portando las barcas sagradas de la tríada tebana, Amón, su esposa Mut y el hijo de ambos, Konsu. La procesión salía del templo, atravesando los magníficos pilonos adornados con mástiles, banderas, estatuas colosales de los faraones y obeliscos cuyas puntas *llegaban al cielo*. En tiempos de Hatshepsut, el trayecto de ida se efectuaba a pie, por una vía procesional de unos tres kilómetros, jalonada de seis pequeños templetes llamados *reposaderos,* donde se paraba el cortejo para festejar a los dioses con libaciones y ofrendas y al mismo tiempo dar un respiro a los portadores. Sin embargo, el viaje de retorno a Karnak se hacía en barco aprovechando la corriente del Nilo, el barco del rey tiraba de la Barca de Amón, mientras que el de la reina lo hacía de la de Mut. En la columnata de Luxor, decorada por Tutankamón, hallamos otra representación de la fiesta y comprobamos que, en esta época, ambos trayectos se realizaban por el Nilo.

La procesión estaba compuesta por hombres y mujeres músicos, sacerdotisas agitando los sistros*, bailarinas que seguían el ritmo de danzas rituales y sacerdotes que entonaban cánticos antiguos incomprensibles. El ambiente de misterio propiciaba la exaltación popular y algunos *besaban el suelo* tanto al paso de la barca del dios como de la del rey. Al llegar a Luxor, las barcas sagradas, portadas a hombros por los sacerdotes, entraban en el templo con el rey hasta sus respectivas capillas. Entonces, el soberano avanzaba solo, internándose en el oscuro y misterioso santuario de Amón.

Los ritos secretos desarrollados en el interior del templo no figuran en ninguna parte y siguen, por tanto, guardando su misterio. La fiesta tenía como objeto el renacimiento mítico del rey en contacto con Amón y en el santuario, alejado de los ojos del mundo, sucedía el milagro y el rey salía renovado. El final de la fiesta consistía en la apoteosis de la presentación del rey transfigurado en la sala de apariciones, después de que Amón lo hubiera coronado de nuevo para seguir gobernando. Allí era ensalzado por la corte, el pueblo aceptaba el milagro y el rey se establecía con más fuerza como dueño del universo.

Toda esta pompa ceremonial duraba 11 días; el vino y la cerveza corrían en abundancia, se sacrificaban animales y las cocinas de los templos preparaban una pródiga comida en la que participaba el pueblo. Amenofis III apoyó este movimiento de renovación anual de la realeza, reformando, agrandando y embelleciendo el templo de Luxor. Las vías procesionales se ampliaron y adquirieron una belleza inigualable, bordeadas de esfinges. Veamos lo que los antiguos egipcios nos dicen de él con su lenguaje poético y lleno de fantasía, en una estela que habla de las construcciones del monarca y que se halla en el museo de El Cairo: ... *Construido en bella piedra blanca muy ancho y muy largo, para que su belleza sea innegable... Su pilono se acerca al firmamento y sus banderolas llegan a las estrellas. Cuando la humanidad lo contempla rinde homenaje a Su Majestad.*

La importancia de Mutemuia en Luxor es indudable, ya que está representada en ese santuario milagroso, participando de la regeneración prodigiosa del rey. Además, en una sala cercana, el faraón hizo grabar su nacimiento divino, en el que Mutemuia es elegida por el dios como madre del futuro rey. Aunque los relieves están muy machacados todavía podemos reconocer los restos de la narración, copia de la realizada por Hatshepsut en Deir el Bahari. Es una descripción novelada, llena de ternura en la que el dios Tot dice a Amón que ha encontrado *la más bella mujer de todo Egipto.* Entonces el dios Amón toma la figura del rey Tutmosis IV para acercarse a la reina Mutemuia. La unión carnal entre ellos se describe de una manera ingenua, limpia de toda pornografía, simplemente entrecruzando las piernas mientras están sentados en un trono sostenido por dos diosas. Le acompaña el siguiente texto explicativo: ... *y la*

16

majestad de este dios hizo todo lo que deseaba con ella. Como vemos, Amón toma la forma del rey para copular con su esposa, cuando en Egipto el adulterio no estaba admitido y en los cuentos se penaliza a los culpables. Luego la narración, dentro del sagrado recinto de un templo, no iba a mostrar al gran dios obrando fuera de la norma de moral egipcia y traicionando a su hijo bienamado cometiendo adulterio precisamente con su esposa. Es más natural pensar que las escenas son una materialización humana y comprensible de un hecho divino e incomprensible: un hombre y una mujer engendraban a un hijo al cual el dios proveía de un *Ka** o espíritu divino en el momento de su concepción (ver *Un solo rey gobernaba la Tierra.* Capítulo VII).

Todavía encontramos a Mutemuia en otra obra monumental del rey, el templo de *Millones de años,* es decir, el templo mortuorio del monarca. Es el mayor que ha existido en Tebas y además de sus enormes dimensiones, su decoración debía de ser espectacular. La estela de las construcciones, antes citada, nos describe este templo como *una fortaleza para la eternidad,... enteramente revestida de oro, su pavimento adornado con plata, todas su puertas eran de electro*.* Lo único que queda en pie, desgraciadamente, son los famosos Colosos de Memnón y en ellos encontramos tres generaciones de mujeres importantes para el rey, su madre Mutemuia, su esposa Tiy y una princesa cuyo nombre se ha perdido. La datación de esta obra es de los últimos diez años del reinado, lo que parece indicar que Mutemuia murió entre los años 20 y 30, es decir, vivió casi hasta el final del reinado de su hijo.

Últimos años de reinado. La reina Tiy

A partir del año 11, fecha del último escarabeo, parece que cambia la política del reino. Puede que en esa fecha alcanzara el rey la mayoría de edad empezando a actuar de forma independiente e iniciándose las negociaciones matrimoniales con las otras potencias extranjeras. Sin embargo, las fuentes egipcias silencian las actividades puntuales del monarca. La única documentación encontrada es una estela del año 20 de un sacerdote llamado Nebnefer que se encuentra en Bruselas; algunas jarras de comida datadas en los años 20, 24-29, halladas en Malkata, palacio donde vivió la familia real los últimos años del reinado, y una inscripción en Nubia en el año 35. Ninguno de estos restos arqueológicos cuentan hechos de gobierno durante el periodo que comprendería la plenitud del rey como monarca ejecutivo. Sin embargo, en los años 30, 34 y 37, cuando ya el soberano debía de ser anciano para la época, se celebraron con lujo inigualable unos fastuosos festivales Sed*, en los que destaca la importancia de los nobles y de la reina Tiy. Veamos quién era Tiy, suegra de Nefertiti y una mujer poderosa que ostentó poderes reservados a la mítica figura del rey, iniciando el camino seguido por su nuera.

Uno de los famosos escarabeos, sin fecha, nos informa del matrimonio del rey con Tiy, hija de Yuya y Tuya, personajes sin parentesco aparente con la familia real y que han suscitado dudas sobre su origen extranjero. Sin embargo, su tumba es completamente egipcia, tanto en las representaciones como en el sistema de momificación empleado, y los títulos de ambos cónyuges demuestran que pertenecían a una clase social elevada, bien establecidos en Egipto y puede que cercanos a la familia real. Por todo esto, la romántica idea que encantó a los egiptólogos del siglo XIX de que Amenofis se enamoró y casó con una plebeya está hoy en día desacreditada. Entre otras cosas porque ambos cónyuges debían de ser todavía unos niños en el momento del enlace, ya que en el escarabeo que habla de la cacería de toros salvajes, datado en el año segundo, ya figura Tiy como la Gran Esposa Real y, por tanto, deducimos que el matrimonio tuvo lugar con anterioridad a esta fecha. Por otra parte, aunque muchas de las Grandes Esposas Reales llevan el preciado título de *Hijas del rey*, es decir, se casaban con su propio hermano, en esta dinastía se rompe esa regla con frecuencia (ver *Anexo 2*) por lo que el matrimonio de Tiy y Amenofis no pudo sorprender a nadie. Una vez más el rey desposaba, por razones desconocidas, a una dama de su entorno.

Tiy debió de ser educada con esmero para ser Gran Esposa Real. Sería una persona culta y refinada pues poseía su propia biblioteca, de la que se han hallado varios sellos con su cartela* para cerrar las fundas de los papiros; en uno de ellos leemos también el título del libro: *Libro del Sicómoro dulce*, pero el papiro se ha perdido y no sabemos de qué trataba el escrito. También puede que aprendiera idiomas extranjeros, ya que en el archivo de Amarna aparece su correspondencia con el rey de Mitanni, lo que indica su poder político. En la carta número EA 26 Tushratta afirma: *Tú eres la persona que conoce mejor que nadie lo que hablamos. Nadie lo conoce tan bien.* Tushratta se refiere a alguna conversación mantenida con Amenofis III o entre los embajadores de ambos países. En todo caso, el hecho demuestra que la reina participaba en la política exterior de Egipto y asistía a las reuniones con los embajadores extranjeros.

El poder de Tiy se refleja en numerosos restos arqueológicos. Uno de ellos es el templo de Sedeinga, en Nubia, donde la reina toma la iconografía de una esfinge, que fue siempre un emblema sagrado y un símbolo de fuerza, muy unido a la mítica figura del rey. Es muy significativo que Amenofis construyera dos templos en Nubia, uno en Soleb, dedicado a Amón y al monarca como *Señor de Nubia,* y otro en Sedeinga dedicado a Hathor y a la reina Tiy. Ambos eran templos fortificados y parece que su significado era recordar a los habitantes de la zona el dominio de la pareja real sobre aquellos territorios. Es decir, se equiparaba a la reina Tiy con el poder del faraón. Aún hoy se recuerda el lugar como una posesión de Tiy, ya que su nombre actual, Adey, proviene de la denominación en egipcio antiguo: *Hut-Tiy,* que significa *el dominio de Tiy.*

En el ámbito religioso Tiy se identifica en este templo con la diosa Hathor, divinidad muy ligada al culto solar que tomó gran auge en este reinado. La reina no está representada en ningún templo de Amón, ni su figura ha aparecido conectada con ese poderoso dios de Tebas. Sin embargo, añadió distintivos y características de divinidades relacionadas con el dios Sol a sus tocados, por ejemplo, el disco solar, a veces abrazado por los cuernos de Hathor. Por todo ello, hay quien cree en la influencia de la reina madre en el establecimiento del dios único, el Sol, llevado a cabo por su hijo Akenatón. Si bien es posible que en un principio Tiy siguiera con entusiasmo las reformas político-religiosas y hasta la fundación de la nueva ciudad de Amarna, también es cierto que debió de percibir el fracaso y se retiró prudentemente de la vida pública. Prueba de ello es que las siguientes generaciones siguieron venerando a la reina, nadie borró sus imágenes ni la tachó de hereje, como hicieron con Akenatón y sus seguidores.

Donde más espectacularmente vemos el poder alcanzado por Tiy es en los festivales Sed de su esposo. En la tumba de Keruef, administrador de la reina, encontramos unos magníficos relieves con la versión más completa de estas famosas fiestas. Vemos a los reyes sentados en un trono, dispuesto sobre una tarima en la que aparecen los pueblos subyugados representados por medio de parejas de extranjeros maniatados. Ésta es una imagen clásica en la iconografía egipcia para mostrar al rey de Egipto como dueño universal, es decir, el poder supremo del faraón en el mundo. Fijándonos detenidamente en los relieves laterales del trono de la reina podemos distinguir a dos mujeres extranjeras maniatadas y encima vemos a Tiy como esfinge leonina aplastando a las enemigas de Egipto. Estas imágenes nos dan a entender la participación de la reina en el dominio universal, hecho que ostenta aquí por primera vez una reina de Egipto.

El festival Sed tenía como objeto el rejuvenecimiento milagroso del soberano, finalidad parecida a la de la fiesta *Opet,* en la que el rey participaba anualmente. Por esto nos podemos preguntar por qué Amenofis III necesitó otro medio demostrativo de la ratificación divina de su corona. El rey recalcó que renovaba un festival ancestral, pero introdujo grandes innovaciones que no concuerdan con la tan deseada búsqueda del pasado y sí pueden tener significaciones político-religiosas. Una de estas novedades fue la posible sustitución de la carrera atlética ritual, con la que el rey demostraba su fortaleza física para seguir gobernando, por unas extrañas ceremonias sobre el agua, en las que vemos a la nobleza arrastrando la barca con el rey, que va acompañado de la reina. La imagen nos sugiere que el soberano se había convertido en un sujeto pasivo, protegido por Tiy y remolcado por las fuerzas vivas del momento. La mítica figura sigue siendo venerada, pero como un amuleto sagrado y beneficioso, manejado por su familia y la poderosa nobleza.

Otra novedad fue la inclusión del alzamiento del *pilar Dyed**, cuyo significado era proporcionar estabilidad. En estos momentos brotaron con gran fuerza las diferentes concepciones religiosas, que se venían fraguando desde tiempos de Hatshepsut (ver *Especulaciones intelectuales,* más abajo). En las discusiones religiosas debió de participar activamente la nobleza, como lo demuestra la diversidad ideológica expresada en los himnos de sus tumbas tebanas. Ello pudo ocasionar una posible zozobra intelectual, tensiones y enfrentamientos en asuntos vitales para la monarquía, ya que, en Egipto, la religión y el rey estaban íntimamente unidos y, por tanto, cualquier especulación religiosa implicaba a la monarquía. Quizá los sabios que prepararon los festivales Sed de Amenofis III introdujeran este ritual para propiciar la estabilidad en una corte en discordia y a la vez convertir al rey en la imagen equilibrante, convirtiéndose en la balanza que frenara las discusiones *teológicas*. Precisamente coincidiendo con los festivales Sed, es decir, a finales del reinado, se esculpió una gran variedad de divinidades antropomorfas en las cuales el rey era designado como *El Amado* del dios en cuestión. ¿Serían estas representaciones simbólicas una manera de unificar todos los dioses en la persona del rey e igualarlos en categoría frente al poder creciente de Amón? ¿Se temía ya el gran desajuste que supondría la implantación de un dios único solar, lo cual sucedió con Akenatón?

También hemos observado en las representaciones que el rey va acompañado de su Gran Esposa Real, la reina Tiy. Éste es un hecho insólito y la reina vuelve a ser la primera en tomar parte en estas celebraciones. Es más, parece que el rejuvenecimiento milagroso destinado, hasta entonces, exclusivamente al ser elegido por los dioses, es decir al faraón, se extiende también a su Gran Esposa Real. Con motivo del festival, se incrementó considerablemente la actividad escultórica, produciéndose ejemplos de belleza inigualable. En las cabezas de Amenofis III que nos quedan de este momento, comprobamos que el rey exageró su mítico rejuvenecimiento haciéndose representar con las facciones juveniles, casi aniñadas: nariz respingona, boca de piñón, labios gruesos y grandes ojos rasgados. No hay nada raro en que el monarca tratara de pregonar el milagro divino. Lo sorprendente es que la reina Tiy adoptara también esas facciones juveniles, queriendo resaltar que ella no asistió de forma pasiva a los ritos sagrados, sino que participó en su magia y recibió sus beneficios; es decir, la reina se convertía en parte integrante de los poderes divinos del faraón.

Resulta peligroso comprobar el gran protagonismo de algunos nobles de la corte y del Gobierno en estos festivales Sed. Con anterioridad una serie de personajes anónimos o designados únicamente por sus títulos acompañaba al rey dando fastuosidad al evento. En este momento se menciona a cada cual por su nombre y todos ellos son condecorados públicamente con collares, brazaletes y amuletos de oro en forma de peces y patos. Es lógico que cada uno de estos participantes inmortalizara el acontecimiento en su propia tumba, pero lo verdaderamente sorprendente es que también se representen en las paredes de los templos, como en el de Soleb y en el Funerario del monarca, hecho inaudito hasta esa fecha, ya que dichos lugares siempre estuvieron reservados a la divina monarquía egipcia. Lo que indica una intromisión de seres humanos en ceremonias exclusivas del heredero de los dioses, en detrimento de la sagrada y mítica figura del rey. Para comprender las actuaciones posteriores de Akenatón es preciso tener en cuenta que en el reinado de su padre los nobles llegaron a ostentar poderes insostenibles, entremezclándose con los atributos faraónicos. Todo ello es una prueba patente del deterioro del poder real a favor de la prepotente nobleza.

Príncipes y princesas

La reina Tiy fue madre del siguiente faraón, Akenatón, y seguramente del príncipe Tutmosis. Tuvo al menos cuatro hijas: Sitamón, Henuttaneb, Isis y Nebetta; posiblemente también fuera madre de Baketamón, con quien aparece en Amarna.

El mayor de los varones debió de ser un príncipe Tutmosis del que guardamos algunos restos arqueológicos, datados en esta época por su estilo artístico, aunque ninguno de ellos nos informa de quiénes son sus padres; las inscripciones se limitan a llamarle *el hijo del rey* o *el hijo primogénito del rey*. El príncipe debió morir siendo ya un adulto, ya que fue Sumo Sacerdote de Ptah, título portado, a partir de este momento, por los herederos de la corona durante el Reino Nuevo. Quizá ésta sea la causa por la que Akenatón no aparece en ningún relieve ni inscripción durante la vida de su padre, sólo una jarra del festival Sed del rey fue un regalo de su hijo Amenofis, el futuro Akenatón. Siendo su hermano mayor el primogénito y heredero de la corona, nadie prestaría atención al otro joven príncipe.

Mucho mayor fue el protagonismo de las hijas de Amenofis III, hermanas por tanto de Akenatón, durante la vida de su padre. Especialmente la mayor, Sitamón, llegó a tener gran poder a finales del reinado, tanto que se conocen dieciséis documentos de la princesa y se la nombra cincuenta y una veces en las inscripciones de Malkata. Poseía sus propias fincas y seguramente un pabellón independiente en el palacio. Su administrador fue Amenofis, hijo de Hapu, que era uno de los personajes más importantes de entonces.

Casi todos los egiptólogos coinciden en afirmar que Amenofis III desposó a su hija Sitamón alrededor del año 30, coincidiendo con su primer festival Sed. En algunas inscripciones la princesa figura como *Esposa del Rey* y en algún caso como *Gran Esposa Real Sitamón*. Esto no significa que pudo desplazar a su madre, ya que Tiy siguió con el mismo poder y conservó el título de *Gran Esposa Real*, aun después de la muerte de su esposo.

Parece ser que el rey también casó con su hija Isis con motivo del segundo festival Sed. Vemos que estos dos posibles matrimonios coinciden con los extraños ritos de rejuvenecimiento real. Encontramos una tercera coincidencia en los relieves del atípico festival Sed celebrado por Akenatón en el templo de Atón en Karnak (ver *El extraño festival Sed*. Capítulo III). En uno de ellos aparece su hija mayor, Merytatón, con el título de Esposa Real. En aquellos momentos la princesita debía tener tres o cuatro años, por lo que parece imposible que el rey mantuviera relaciones carnales con la niña. Por otro lado, no hay evidencias arqueológicas de que en esta dinastía los faraones tuvieran hijos con sus propias hijas. Por ello, eminentes egiptólogos ponen en duda la consumación carnal de los matrimonios entre padre e hijas en la dinastía XVIII. Por ejemplo, Wildung, en un artículo publicado en el Boletín de la Sociedad Francesa de Egiptología en 1998, piensa que podría tratarse de unos matrimonios litúrgicos para la celebración de algún oscuro rito del festival; así mismo Hornung publicó un libro en 1999 sobre *Akenatón y la religión de la luz*, en el que opina que al final del festival el soberano debía aparecer ante el pueblo como un rey *nuevo* y necesitaría mostrar también a una esposa *nueva,* su propia hija, como símbolo de regeneración. Quizá todas estas conjeturas sean fruto del horror de nuestra mente occidental por el incesto. Debemos pensar que en el complicado mundo de los dioses egipcios es frecuente encontrar a una diosa como madre, esposa e hija del dios. No nos puede extrañar que la familia real, siendo representante terrenal de la celestial, ejerciera el incesto. Esto no significa que fuese una práctica habitual del pueblo egipcio, sino una exclusividad más de ese ser extraordinario que formaba parte de la divinidad.

El harén del faraón

Una de las políticas diplomáticas seguidas por Amenofis III fue el desposar a las hijas de grandes reyes y de pequeños vasallos. Por un lado, con el fin de asegurarse mejor la fidelidad de los príncipes asiáticos se exigía el envío de una de las hijas para engrosar el harén real y el rey reclamaba sus derechos: *Prepara tu hija para el rey, tu señor* (EA 99). En la corte estas princesas, a pesar de provenir de países subyugados, no tenían un trato discriminatorio, sino integrador. En el festival Sed de Amenofis III vemos cómo las hijas de los príncipes vasallos y las hijas del rey tienen el honor de participar en diversas ceremonias de este gran acontecimiento, sin ninguna distinción en su atuendo ni en su actuación.

Mayor influencia tendrían las princesas que llegaban a Egipto ratificando los tratados de amistad entre los grandes reyes. El primero de estos matrimonios que ha dejado rastros en la historia es el de Tutmosis IV con una princesa mitana y es muy curioso, porque el orgulloso rey de Mitanni despreciaba la petición del faraón de Egipto y no aceptó enviar a su hija hasta el séptimo requerimiento. Tutmosis tuvo paciencia y esperó largo tiempo, porque siete peticiones debieron de suponer siete viajes de ida y vuelta de los embajadores egipcios con las demandas y otros tantos de los embajadores mitanos con las respuestas y, dados los medios de transporte de la época, esto pudo durar unos cuatro años. De acuerdo con un estudio sobre los matrimonios reales durante la dinastía XVIII, realizado por el egiptólogo alemán Schulman en el año 1979, el hecho de enviar a una princesa para casarse con el soberano de otro país era un acto de sumisión en la mentalidad egipcia. Por otro lado sorprende que las peticiones fueran siete, ya que, posiblemente, este número tuviera algún significado servil; comprobamos que los príncipes vasallos se postraban ante el rey siete veces sobre su estómago y siete sobre su espalda. Teniendo en cuenta lo anterior, deducimos que los dos soberanos querían sellar su amistad con un matrimonio, pero dejando claro que ninguna de las dos potencias se doblegaba a la otra: si enviar a una hija como esposa era un acto de sumisión, el solicitarla siete veces también debía de serlo, luego los dos reyes quedaban en el mismo plano de igualdad. Sin embargo, puede que esta idea no fuera compartida por el resto de los monarcas del entorno, para los cuales unir a sus hijas con reyes importantes podría ser un símbolo de su alto nivel internacional y una buena manera de colocar a sus retoños en cortes de prestigio en vez de casarlas con algún vasallo. Éste pudo ser el caso de Kadashman-Enlil de Babilonia cuando solicitó a Amenofis III una princesa como esposa: *Tus hijas están disponibles, ¿por qué no me has dado una?* (EA 2). La contestación del faraón fue tajante y llena de soberbia: *Desde tiempos inmemoriales ninguna hija del rey de Egipto ha sido dada a nadie* (EA 4). La respuesta parece encerrar un orgullo desmedido y un intolerable desprecio, máxime teniendo en cuenta que Amenofis se había casado con una hermana de Kadashman-Enlil y que en esos momentos estaba solicitándole una de sus hijas en matrimonio. El babilonio no comprendió la actitud del faraón: *¿Por qué no? Eres el rey y puedes hacer lo que quieras* (EA 4). Pero no se complicó la vida en entender la mentalidad egipcia, consideró que la corte del país del Nilo era un buen lugar para su hija y se la envió a Amenofis. Al mismo tiempo contestó al desplante sin inmutarse: *Mándame una mujer bella de tu harén como si fuera tu hija, quién va a decir: no es la hija del rey* (EA 4); repuesta que puede parecer denigrante para todo un rey de Babilonia, pero que expresa claramente que el soberano no tuvo reparos en confesar al rey de Egipto que el emparentar con la sangre real faraónica no era el motivo de su petición, sino que su verdadero propósito era aparecer ante su pueblo como el importante soberano al que acuden las princesas extranjeras con el beneplácito de los grandes reyes. En el otro lado del telón, podemos imaginar la risita irónica del faraón cuando vio salir, suponemos, a la hija de una concubina, con grandes honores, para casarse con su amigo el rey de Babilonia.

Hay todavía otra anécdota pintoresca en las cartas de Amarna sobre el harén real y el rey de Babilonia. En la carta número uno, Kadashman-Enlil se queja porque sus enviados no reconocieron a su hermana entre las múltiples esposas de Amenofis en una recepción real y pregunta si está muerta. Amenofis le contesta: *Pero, ¿me has enviado alguna vez un mensajero que conociera a tu hermana y pudiera identificarla? Los mensajeros que me envías son unos «don nadie». Envíame a un alto dignatario que pueda decirte lo bien que está tu hermana aquí, que pueda entrar en sus habitaciones y ver la relación que tiene con el rey. Por otro lado, si tu hermana hubiera muerto, ¿por qué no te lo iba a decir?* La conversación nos sugiere que la seria y protocolaria recepción de embajadores extranjeros se convirtió en una burla y puede que hasta en un juego de adivinanzas, en el que los azarados babilonios fueron incapaces de reconocer a su señora. Y lo que es peor, Amenofis culpa con sorna a Kadashman-Enlil de no haber acertado en el juego propuesto por enviar a unos *don nadie* indignos de ser recibidos por el rey de Egipto.

Amenofis III, como hizo anteriormente su padre Tutmosis IV, pidió al rey de Mitanni la mano de su hija y, también como entonces, tuvo que repetir siete veces el requerimiento. La llegada de esta princesa, llamada Gilukepa, fue en el año 11 y propició la edición de uno de los últimos escarabeos, ya mencionados, el cual empieza con los títulos del rey y de la reina: *Y la Gran Esposa Real Tiy, que ella viva. El nombre de su padre es Yuya, el nombre de su madre es Tuya.* Después de este enunciado viene el corto texto: *Las maravillas que han sido traídas a Su Majestad, que él viva, prospere y goce de salud: La hija del rey de Mitanni Shuttarna, Gilukepa, con 317 mujeres de su harén.* Lo fundamental del escarabeo es que aparece la Gran Esposa Real Tiy como anunciadora del compromiso de su marido con la princesa mitana. Se deja muy claro, ante los ojos de quienes reciban el mensaje, que la Gran Esposa Real seguía siendo ella y que la princesa recién llegada, por muy hija del rey de Mitanni que fuera, nunca iba a desbancarla.

Cuando Tushratta sube al trono, Amenofis le pide también la mano de una de sus hijas. La situación de Mitanni había cambiado y Tushratta se sentía sentado en un trono inestable, a merced de sus enemigos internos y externos, por lo que estaba ansioso de agradar y colocar a su lado al faraón de Egipto. Ante la petición de Amenofis, Tushratta responde la primera vez: *Desde luego se la enviaré* (EA 29), y en seguida comienzan los tratados comerciales de la boda. La costumbre de entonces, tanto en familias reales como en el pueblo llano, era que la novia aportara al matrimonio una *dote* consistente en su ajuar particular y una serie de artículos más o menos lujosos de acuerdo con el nivel de vida de la familia; por su parte el novio correspondía con lo que se llamaba el *precio de una esposa,* cuyo valor era aproximadamente el mismo. Lo peculiar era que la novia era dueña absoluta de su dote y, aunque normalmente era administrada por el marido, ella podía disponer de la misma en cualquier momento.

La llegada a Egipto de princesas extranjeras para desposar al faraón debía de ser todo un espectáculo pues, como hemos visto, venían acompañadas de numeroso séquito. El pueblo y los nobles se admirarían al ver entrar en palacio los magníficos ajuares que portaban: joyas, trajes, piezas de telas finas, chales, caballos y carros, camas, tronos, sillas, vasijas, cuchillos, peines, espejos, frascos, ungüentos y toda clase de objetos para montar su propia casa en el harén real. Algunos inventarios de las princesas de Babilonia y Mitanni han llegado hasta nosotros, así como los regalos intercambiados por Egipto y podemos apreciar el lujo y refinamientos de estas cortes y cómo aquilataban el valor de lo enviado: *Valor total de artículos de plata 292 minas* y 3 shekels* de plata. El total en oro y plata 1500... minas y 46 1/2 shekels* (EA 14). Hay ajuares sumamente detallados, no sólo los objetos valiosos con sus pesos exactos y las joyas con el número de piedras engarzadas, sino también la ropa íntima de la princesa: *10 prendas brillantes, 10 pares de camisas estilo hurrita, 10 pares de camisas de ciudad, 10 trajes, 10 pares de botas* (EA 22). Los zapatos eran toda una fantasía: *Un par de zapatos de color «dusu»* con adornos de oro, los botones de piedra «hiliba»* adornados con verdadero lapislázuli. Se han utilizado 13 shekels de oro* (EA 22). En Egipto no se han encontrado zapatos tan sofisticados. A todos estos regalos correspondía el faraón enviando a Mitanni el *precio de una esposa.* Los embajadores egipcios trataron con los funcionarios mitanos las equivalencias entre los intercambios y Tushratta nos dice que revisó personalmente el trabajo (EA 20). Es decir, estas bodas reales propiciaban grandes tratados comerciales entre los países de ambos contrayentes.

Debemos advertir que las princesas extranjeras llegaban con mucha pompa y quizá con ilusiones de llegar a ser *Señora de Egipto* (EA 19 y 20), pero han pasado inadvertidas para la historia, hasta el punto de que en la mayoría de los casos, ni siquiera conocemos su nombre. Se ha llegado a dudar del origen extranjero de alguna de las reinas de esta dinastía, que hubiera adoptado un nombre egipcio, como hemos visto hablando de la madre de Amenofis III, Mutemuia, y como veremos al tratar de los orígenes de Nefertiti; pero, hoy en día, la opinión más generalizada es que ninguna princesa foránea llegó, en la dinastía XVIII, a ser Gran Esposa del Rey. Pasaban a formar parte del harén real, de cuyas dimensiones podemos ya hacernos una idea, y, diluidas en esa masa femenina, resulta imposible seguir su pista. Su misión sería procrear y llenar los patios de los distintos harenes de niños de razas mixtas que, más tarde, formarían parte de la nobleza egipcia y propagarían su cultura y sus costumbres en el país del Nilo. Sus múltiples servidores atenderían a sus necesidades y colmarían sus caprichos, por lo que podemos imaginar que la vida de aquellos palacios sería polifacética y multicolor; en ellos se desarrollarían las costumbres más diversas, se podrían admirar los vestidos más exóticos y oler las múltiples especias y comidas de distintas naciones.

Ambiente social

En el reinado de Amenofis III el arte llegó a una perfección y belleza insuperables y sirve como testigo de una época fastuosa. A través de sus distintas manifestaciones comprobamos cómo eran y cómo vivían las gentes de entonces. Las tumbas tebanas nos hablan de una alta sociedad rica y sofisticada, amante del lujo y el sibaritismo. Los trajes y los peinados de los nobles muestran un gusto y un refinamiento increíbles, mientras que las mesas de los banquetes funerarios nos dan idea de la opulencia de los eventos.

Esta nobleza debía su posición a la corona ya que el rey nombraba libremente a los funcionarios que formaban su Gobierno, a los militares que iban a acompañarle en el campo de batalla y a los sacerdotes, por ser él Sumo Sacerdote de todos los dioses. Había, por tanto, tres grupos de poder, perfectamente jerarquizados, que estuvieron íntimamente entremezclados, de forma que una misma persona podía ejercer un cargo en cualquiera de ellos, a la vez o en diferentes periodos de su vida. La libertad regia a la hora de nombrar a las altas jerarquías de estos grupos se observa en algunas elecciones sin obstáculos de herencias nobiliarias o vinculaciones ancestrales. Un ejemplo lo encontramos en el ya mencionado Amenofis hijo de Hapu, quien siendo de origen humilde, se convirtió en el funcionario más influyente del reinado de Amenofis III. Pero, a pesar de la autonomía regia en la elección de sus consejeros, comprobamos con frecuencia que la nominación recaía en las mismas familias, aquellas que componían el pequeño círculo de personas allegadas al rey y, por tanto, las mejor educadas para desempeñar estas responsabilidades. La nobleza cercana a palacio demostró ser educada y culta, capaz de gobernar, de dirigir un ejército, de administrar los templos y de discurrir por los intrincados caminos del intelecto sobre temas *teológico-filosóficos*, matemáticos, astronómicos, médicos etc. En ella delegaba el soberano ante la imposibilidad de abarcar por sí solo el amplio abanico de responsabilidades que correspondía a su poder absoluto. Y cada vez fueron adquiriendo mayor poder, puede que hasta llegar a ser un peligro para la corona (ver *Últimos años del reinado. La reina Tiy,* más arriba).

Conviviendo con esta nobleza estaba el pueblo egipcio, pacífico, amoldado al papel que le correspondía jugar en la vida sin causar desórdenes. La riqueza que fluía entonces por el país del Nilo se filtró a casi todas las capas sociales elevando su nivel de vida. Era el rey el dueño absoluto de Egipto y de todos los bienes que ponían a sus pies las tributarios extranjeros, pero estos recursos se redistribuían en forma de salarios a gran parte de la población egipcia. Por un lado, la gran burocracia existente empleaba infinidad de gentes. Cada uno de los personajes encargado de alguna parcela del Gobierno contrataba a una multitud de pequeños funcionarios y escribas que le acompañaban en la realización de sus funciones. La recaudación de los impuestos internos movilizaba a un gran número de personas, tanto de la capital como de las provincias, que se encargaba de medir, pesar, contar y controlar los tributos debidos.

Además del pago a los numerosos funcionarios públicos, el tesoro regio se abría para mejorar las infraestructuras del país y construir grandes edificios. Los monumentos reales movían a una cantidad ingente de personas, supervisores, controladores y realizadores de la construcción; escultores, lapidarios, obreros; cocineros, aguadores y cazadores desplazados a las canteras; y, por último, soldados encargados de vigilar las obras y el traslado y conservación de las preciadas piedras. Aparte de todas las personas empleadas directamente en el proyecto, otra serie de funcionarios, empezando en los supervisores y acabando en los escribas, se encargaba de comprobar el movimiento de materiales, instrumental de trabajo y raciones de los obreros. Todos ellos recibían su paga sin depender de los avatares de la madre naturaleza, mejor dicho del padre Nilo, que regulaba anualmente el bienestar del país. Los graneros del rey eran una almohadilla que paliaba los golpes de la hambruna.

La consecuencia inmediata de esta redistribución de la riqueza a gran escala fue el aumento del poder adquisitivo de las gentes y, con él, la demanda de grandes casas llenas de objetos valiosos y la acumulación de riqueza suntuaria para los preciosos ajuares funerarios. Esto favorecía a una clase intermedia compuesta por artesanos y comerciantes, destacando los joyeros, alfareros, fabricantes de vasos en piedra y alabastro, carpinteros, tejedores de lino y paja, etcétera, quienes, a su vez, al aumentar su trabajo, contrataban obreros y aprendices para las duras faenas de pulido de piedras, fundición de metales y otros menesteres. Luego el tesoro real revertía en cascada sobre el pueblo, ocasionando un crecimiento sostenido del nivel de vida de todas o casi todas las clases sociales.

Es importante destacar la labor de los templos en el engranaje económico de Egipto. Todos ellos disponían de una riqueza propia, pero de la que el rey podía disponer y cuyos administradores eran elegidos por el monarca, siendo además supervisada, en esta época, por el visir o por los alcaldes de la ciudad en templos locales. Podemos decir que los templos eran unas *sucursales bancarias* que manejaba la corona y estaban administrados eficazmente por hombres dependientes del rey. Estas entidades se encargaban también de redistribuir los caudales del país. Las instituciones templarias tenían una forma de contratación de su personal muy original. Consistía en un empleo parcial que proporcionaba una cantidad impresionante de puestos de trabajo. El cuerpo sacerdotal estaba dividido en grupos de diez personas, llamados filé*, los cuales trabajaban en el templo un mes al año. De esta forma el reparto de las ofrendas, que correspondía como salario al sacerdocio, llegaba a gran número de gente, de toda condición, que dedicaba tan sólo treinta días al servicio del dios. En las ciudades pequeñas, al menos un miembro de casi todas las familias pertenecería a una filé o estaría empleado en alguna faena del templo local. Hay que aclarar que también las mujeres formaban los grupos de cantoras y bailarinas que participaban en las ceremonias religiosas. Además de todos estos cargos sacerdotales, el personal civil contratado por los templos debía de ser fabuloso, pues la riqueza templaria comprendía tierras que cultivaba o arrendaba, minas, canteras, pesca, ganado, barcas de transporte, además de talleres artesanales propios. Resulta imprescindible tener presente el sistema de redistribución de los templos, porque, como veremos, fue un pilar importante de la economía que falló en Amarna, al tratar de centralizar la riqueza en el templo del único dios, Atón.

Importancia del clero de Amón

Para comprender bien la reforma que impuso Akenatón es necesario considerar el poder adquirido por el dios Amón o, lo que es lo mismo, por el clero de Amón, que no se limitó a la riqueza material, sino que se introdujo peligrosamente en los designios de la monarquía y hasta usurpó al faraón alguno de sus privilegios.

El dios Amón fue, hasta el Reino Medio, un dios secundario, el dios local de uno de los pequeños pueblos que ocupaban la llanura tebana, pero cuando la dinastía XI reunificó el poder desde Tebas, Amón adquirió carácter de dios político. Durante el Segundo Periodo Intermedio, surge una nueva escisión del país y los príncipes independientes volvieron a adorar a los dioses de cada localidad. Pero, de nuevo, es el príncipe tebano Ahmose quien reunifica el poder real, restaura la unidad religiosa y convierte a Amón-Ra, dios de su ciudad, en el dios principal. No paró aquí la unidad religiosa diseñada por Ahmose sino que entrelazó más aún los poderes políticos y religiosos. Los príncipes provinciales eran adoptados como hijos por sus dioses locales en el momento de su coronación, efectuada en sus respectivos santuarios; a partir de Ahmose, los reyes tebanos se nombraban a sí mismos hijos de Amón, elegidos de Amón y se coronaban en Karnak. Esta prerrogativa de elegir libremente al futuro faraón se hizo más efectiva por

31

medio de los oráculos, que tuvieron su origen en las procesiones populares. Unos relieves muy machacados del templo de Deir el-Bahari dan a entender que la reina aprovechó la procesión de la fiesta Opet para que Amón la eligiera soberana de Egipto por medio de un oráculo y esta misma estrategia fue seguida por Horemheb, al final de la dinastía, para coronarse faraón sin tener, aparentemente, una gota de sangre real. Tutmosis III fue elegido por Amón en una procesión celebrada en una pequeña sala hipóstila de Karnak y el rey dejó esta fábula grabada en sus paredes: *Yo estaba de pie en el norte de la sala... El dios hizo el circuito por los dos lados, buscando a mi Majestad por todo el lugar sin que los que estaban enfrente comprendieran sus acciones. Cuando me reconoció se paró. Yo me postré en el pavimento ante su presencia, pero él me levantó y me colocó enfrente de él.* Tutmosis fue coronado faraón porque el dios, llevado en procesión por los sacerdotes, se paró ante él. Es decir, los sacerdotes de Amón podían decidir o, al menos, participar en la elección del heredero de la corona.

Otra causa por la que el clero de Amón adquirió un papel predominante en la vida del país fue la llamada *piedad personal*, que, aunque se popularizó en la dinastía XIX, su iniciación aparece en estos momentos. Consistía en que el pueblo pedía ayuda al dios directamente en las procesiones, por medio de unos escritos que enterraba en el camino por donde Amón iba a pasar en el transcurso de una procesión. De esta manera el dios usurpaba al faraón una prerrogativa ancestral de la sagrada realeza egipcia: ser el único intermediario entre la divinidad y los hombres (ver *Posibles explicaciones de la iconografía aplicada.* Capítulo III).

Observamos que a partir de Tutmosis IV, abuelo de Akenatón, los faraones parecen querer contrarrestar el poder adquirido por el clero amoniano. Ésta puede ser la causa por la que Tutmosis inventó otra preciosa leyenda en la que la Esfinge, representante del dios sol Ra, le prometía la corona. El rey estaba cazando en la llanura de Guiza y se durmió para descansar a los pies de la Esfinge. Ésta le habló así: *Mírame, vuelve tus ojos hacia mí, hijo mío, Tutmosis... Yo te concederé la realeza sobre la tierra de los vivientes y llevarás la Corona Blanca y la Corona Roja sobre el trono de Gueb, el heredero...* A cambio el futuro faraón se debía comprometer a limpiar la esfinge de las arenas que la cubrían: *Mira el estado en que me hallo y qué dolorido está mi cuerpo, yo que soy el Señor de esta meseta. La arena del desierto, sobre la que yo había estado colocado, pesa sobre mí...* El faraón no sólo quitó la arena de la monumental esfinge, sino que también construyó un templo en su interior. Y por supuesto, la esfinge cumplió su promesa haciendo a Tutmosis Señor de las Dos Tierras*.

Pero es en el reinado de Amenofis III cuando vemos más claramente el deseo de frenar al clero de Amón. En tiempo de Hatshepsut se creó un título sacerdotal nuevo: *Supervisor de los sacerdotes del Alto y del Bajo Egipto,* que agrupaba bajo una misma supervisión a los cleros de todos los dioses. El título permaneció en manos del Primer Sacerdote de Amón hasta Amenofis III, quien desvió este menester a otros cleros o personas ajenas a él, como los Primeros Sacerdotes de Ptah, su propio hijo Tutmosis o el visir Ramose. Esta diversificación de los cargos sacerdotales puede estar causada por reacciones contradictorias entre la clase dominante y se hace muy significativa, ya que sucede en el preludio de los cambios amárnicos.

Especulaciones intelectuales

Desde su inicio, los hombres de la dinastía XVIII muestran una gran actividad intelectual y una enorme inquietud *filosófica* y renovadora, con la redacción de varios libros sobre la otra vida, misteriosa y deseada por todos los egipcios. Quizá el más conocido sea una recopilación de textos antiguos llamado el *Libro de los Muertos.* Recopila parte de los tradicionales misterios religiosos y proporciona al difunto las fórmulas mágicas para vencer los obstáculos en el oscuro mundo de ultratumba y llegar a gozar eternamente de una vida placentera.

Al mismo tiempo aparece, en las tumbas de los reyes, a partir de Tutmosis I, el Libro del *Amduat,* que significa *Lo que hay en el más allá,* en el que apreciamos la fructífera e imaginativa especulación para dar una explicación a dos constantes del pensamiento egipcio: el orden cósmico y la eternidad. Los egipcios comprobaron que el Sol salía y se ocultaba a diario. De allí dedujeron que no hubo una creación única, sino una eterna muerte y resurrección. El dios Sol nacía cada mañana ordenando, recreando y llevando la vida al mundo de los vivos y moría cada noche para llevar la vida al mundo de los difuntos. La perpetua sucesión de días y noches explicaba la eternidad. El libro trata del singular viaje nocturno de Ra por ese mundo de ultratumba y los episodios que suceden en esas oscuras horas en las que misteriosamente se producía la resurrección. Está dividido en las doce horas de la noche y las escenas son lúgubres y fantasmagóricas.

El *Amduat* demuestra un esfuerzo intelectual por clarificar temas incomprensibles y situar un mundo desconocido dentro de una localización materializada, pero el dios Sol aparece como un dios inaccesible a los hombres y como un ente pasivo, dentro del invariable ciclo solar. Esto hizo reaccionar a los sacerdotes, comprendiendo que no podían limitar al dios a la eterna recreación cuando Amón se presentaba como un dios humanizado que cuidaba de sus fieles y atendía sus súplicas. Así nace una nueva tendencia que hoy llamamos *Nueva Religión Solar*, cuya novedad es presentar al Sol como el disco solar visible, llamado Atón, cuya fuerza luminosa podía sentirse naturalmente y proporcionaba la vida y el cuidado de los hombres.

Todo esto demuestra que el pensamiento religioso evolucionó claramente por tres trayectorias diferentes: preponderancia del dios Amón, tradicional ciclo solar y la *Nueva religión solar*. En tiempos de Amenofis III comprobamos estas distintas tendencias ideológicas expresadas en los himnos de las tumbas de los nobles. Estas desavenencias, en un país de pensamiento unitario como era Egipto, llevarían a discusiones que quizá el rey quiso paliar en sus festivales Sed (ver *Últimos años del reinado. La reina Tiy*, más arriba). El poder adquirido por la nobleza pudo crear fuertes grupos de oposición a las ideas de Akenatón y las especulaciones divergentes pudieron ser la causa de la reforma propuesta por el que la historia ha llamado *el rey hereje*.

Hemos hecho un pequeño resumen del reinado anterior al de la reina Nefertiti. Aunque regido y gobernado por hombres, fue un momento en el que la mujer gozó de una libertad y preponderancia desconocidas hasta entonces. Principalmente lo hemos comprobado en el poder alcanzado por la reina Tiy, sobre todo en el hecho de ser partícipe de la divinidad misteriosa con la que el pueblo egipcio quiso dotar a su faraón. Esta intromisión sagrada la veremos ampliada en Nefertiti.

II. NEFERTITI, ESA DESCONOCIDA

El descubrimiento de Amarna

En el siglo XVIII, el Egipto Medio era una región inhóspita, considerada como un lugar de bandidos endémicos. Allí se había establecido una tribu de beduinos llamada los Beni Amrân. Ellos fundaron un pueblo, Et-Till el Amarna, que significa el montículo de los Amrân (Amarna es el plural de Amrân), nombre que los europeos deformaron convirtiéndolo en Tell-el-Amarna. Estos habitantes tenían fama de salvajes y no muchos viajeros se arriesgaban en los siglos XVIII y XIX a ir hacia el sur de El Cairo. Es más, todavía a principios de siglo XX, exactamente en el año 1912, el profesor Paul Timme, encargado de los trabajos cartográficos de la misión alemana que excavaba entonces en Amarna, fue atacado por dos beduinos durante un viaje de reconocimiento en la parte oeste. El profesor no logró hacer comprender a sus atacantes que cuando trabajaba en el desierto no llevaba consigo nada de dinero. Los beduinos se echaron sobre él y tras comprobar por sí mismos lo que no entendieron por medio de las palabras, desaparecieron sin dejar rastro. Desde entonces el profesor viajó con un guardián armado.

Pero, siempre hubo en el mundo personas arriesgadas e intrépidas que hollaron con sus pies los caminos peligrosos. Corría el año 1714, cuando apareció por esta zona un sacerdote jesuita llamado Claude Sicard en busca de antigüedades egipcias. Allí, cerca de Tuna el Gebel, se encontró con una extraña estela grabada en una roca. En ella unos seres casi deformes, portando coronas reales, adoraban al disco solar. Sicard dibujó, sorprendido, su descubrimiento y lo publicó en un libro sobre su viaje, el cual tuvo varias ediciones. Con él se lanzó la voz de alarma al mundo civilizado sobre la existencia de unos seres

35

ignorados que, al parecer, reinaron en Amarna. El hecho chocó a los egiptólogos de entonces, ya que aquel lugar no coincidía con ninguna residencia real conocida, y para colmo en aquel momento (1714) todavía nadie podía descifrar los jeroglíficos. Los textos de las estelas, junto con los nombres de estos extravagantes seres, quedaron a merced de la imaginación de los estudiosos, los cuales entablaron infinidad de discusiones. Aquellos rayos terminados en manitas constituían una iconografía nueva del Sol y, sobre todo, aquellas dos figuras, una de ellas con corona de rey, no se asemejaban a la idea de faraón que los conocedores de Egipto tenían en mente. Esos cuerpos *unisexo*, suscitaron atrevidas controversias. Se preguntaban si aquella estela representaba a un faraón y su Gran Esposa Real o eran dos mujeres, una con atributos de faraón. Lo único que estaba entonces claro es que adoraban al Sol, por lo que se les llamó *los adoradores del disco solar*.

En 1799, sucede un gran acontecimiento para la egiptología: excavando una fortaleza en Rosetta, unos soldados franceses descubren una piedra cuyo texto está escrito en jeroglíficos, demótico y griego. Gracias a ella y, tras varios años de estudio, Champollion llegó a descifrar la escritura de los antiguos egipcios. Los misteriosos personajes empiezan a salir a luz con sus nombres propios, el faraón se llamaba Neferkeperura-Uaenra Akenatón y su Gran Esposa Real Neferneferuatón Nefertiti. A pesar de estas comprobaciones, eminentes egiptólogos dudaron todavía del sexo de sus figuras. En 1855 Mariette sugirió que Akenatón era un eunuco y en 1891 Lefébure opinó que era una mujer. Tuvo que llegar Petrie en 1894 para precisar la situación: siendo Akenatón el faraón de Egipto que aparece con más frecuencia acompañado de su Gran Esposa Real, que la besa públicamente y que muestra con orgullo su vida familiar, como veremos más adelante, no parecía lógico pensar que fuera un eunuco o una mujer.

Al traducir los textos de las estelas podemos comprobar los elogios que el rey dedicaba a la Gran Esposa Real, los cuales claramente están dedicados por un hombre a una mujer: *La princesa, la que es grande en palacio, de rostro bello, hermosa con las dobles plumas (corona), la señora de gozo, la que nos regocija al oír su voz, poseedora de la gracia, grande en amor, cuyo carácter alegra al Señor de las Dos Tierras, por quien se hace cuanto ella dice acerca de cualquier cosa,*

la Gran Esposa Real, su amada, la Señora del Alto y Bajo Egipto*, Neferneferuatón Nefertiti, que tenga salud, que sea joven, que perdure por siempre, eternamente.
Debemos aclarar la circunstancia por la que la bella Nefertiti y su esposo fueron unos desconocidos hasta el encuentro de la extraña estela. La cultura occidental recibió el conocimiento sobre el Egipto faraónico a través de la historia transmitida por los griegos, que estaba basada en la del sacerdote Manetón, de época ptolemaica. En ese relato los faraones se sucedían sin dejar lugar para aquellos monarcas surgidos de una estela en pleno Egipto Medio. La causa fue que, a partir del faraón Horemheb, los sucesores de Akenatón intentaron hacer desaparecer todo lo relativo al periodo amárnico por considerarlo herético e indigno de la sagrada monarquía egipcia. Así, Seti I en su lista de reyes del templo de Abydos salta desde Amenofis III, padre de Akenatón, a Horemheb, borrando de la historia a cuatro faraones: Akenatón, Smenhkara, Tutankamón y Ay. Todos ellos habían vivido en Amarna y, aunque a la muerte de Akenatón volvieran a Tebas y adoptaran la religión tradicional del imperio adorando al dios Amón, todos estuvieron relacionados con las ideas *filosófico-doctrinales* de Atón implantadas por el ya entonces *faraón hereje*. La ignorancia de Manetón fue transmitida al mundo occidental y de aquí que el dibujo de la famosa estela dibujado y publicado por Sicard fuese la primera revelación de la reina Nefertiti y su esposo Akenatón

Desde entonces el interés por la reina y el periodo en el que vivió no ha hecho más que crecer. La famosa expedición napoleónica pasó por Amarna (1798-99) y nos proporcionó el primer plano de la ciudad, que se publicó en *Description de l´Égypte* en 1817. Jomard, su autor, se limitó a dibujar un mapa, pues, según nos cuenta, la truculencia de los habitantes de la zona no le permitió profundizar más en sus investigaciones. Amarna empezaba a surgir y Egipto, a ponerse de moda. Abundaron los viajeros y misiones arqueológicas que, a pesar de los rumores sobre el inhóspito lugar, paraban movidos por la curiosidad de esa ciudad que dormía bajo sábanas de arena y sus desconocidos habitantes.

Entre 1824 y 1826 paseó varias veces por Amarna un curioso personaje, sir John Gardner Wilkinson, quien fue a Egipto para librarse de un frío invierno inglés y permaneció 8 años visitando el país del

Nilo. Hizo bocetos y dibujos de la ciudad y de las tumbas de los nobles, situadas en la cordillera arábiga. Allí aparece Nefertiti en todo su esplendor, algunas veces con atributos faraónicos y siempre acompañando a su esposo tanto en ceremonias religiosas como en actos oficiales. Fascinadas por la información que proporcionaban sobre el drama vivido en aquel recóndito lugar, acuden misiones arqueológicas tan importantes como la de la Academia Prusiana, dirigida por Richard Lepsius (1842-1845), que constituyó un gran aporte para el conocimiento del periodo amárnico, y una misión francesa, dirigida por Maspero (1883-1893), que encontró varios nuevos enterramientos, limpió los ya conocidos e instaló cancelas para evitar su deterioro. La obra más completa que incluye palmo a palmo los relieves de todas las tumbas se realizó en seis volúmenes entre los años 1903 y 1908 con el nombre de *The Rock Tombs of el Amarna*. Los autores son un curioso matrimonio formado por Norman y Nina de Garis Davies. Norman fue hijo de un pastor británico y él mismo fue a Egipto como pastor, pero le atrajo tanto el mundo de las excavaciones que enseguida logró ser ayudante de Petrie y desde entonces se dedicó a la egiptología. Tuvo la suerte de casarse con Nina, una gran amante de la arqueología, quien participó febrilmente en el trabajo de su marido. Ambos eran consumados dibujantes y nos han dejado un legado único en sus publicaciones.

Los trabajos en la ciudad de Akenatón no han cesado hasta ahora. Con la llegada de Petrie, se inicia la arqueología moderna del lugar, utilizando la denominada *estrategia de muestras*, es decir, profundizar en sitios concretos para determinar la conveniencia o no de una excavación más completa. De este modo, Petrie pica un poco aquí y otro poco allá, limpiando parcialmente algunos edificios oficiales y casas particulares, encontrando de vez en cuando restos de estatuas o adornos arquitectónicos que hoy admiramos, como el fresco de la Casa del Rey o el bello pavimento del Palacio Ceremonial. La publicación de Petrie, *Tell el Amarna* (1894), no es rigurosa, sino que reseña solamente lo que él considera importante, y a veces lo hace de una manera tan imprecisa que ha resultado difícil volver a localizar talleres o casas mencionadas en su obra.

Desgraciadamente las ruinas de Amarna también despertaron el interés en nativos y excavadores furtivos bien para aprovechar los viejos ladrillos en sus propias construcciones, bien en busca de posibles tesoros enterrados. Los palacios, templos y viviendas fueron removidos por manos inexpertas, pero el azar hizo que, a veces, sacaran a la luz restos interesantes, por ejemplo, las llamadas *Cartas de Amarna*, de las que ya hemos hablando y seguiremos haciéndolo con frecuencia a lo largo de esta historia.

En el año 1887, continuaba siendo Amarna un libre almacén de materiales de construcción y una aldeana fue en busca de ladrillos antiguos para edificar su casa. Al escarbar en un lugar central de la antigua ciudad encontró unas extrañas tablillas cubiertas de garabatos. Por entonces, como ya hemos dicho, se había despertado el interés por Egipto y los turistas se paseaban por las orillas del Nilo comprando cualquier piedra vieja que les ofrecieran los nativos. Por otro lado, los museos europeos mandaban compradores expertos en antigüedades para llenar sus edificios con hallazgos sensacionales. Por todo esto, la aldeana pensó que aquellos trocitos de barro podían sacarla de pobre, así que durante varias noches acudió al lugar del encuentro con toda su familia, encontrando, quizá, hasta unas quinientas tablillas que escondió en su casa. La familia se dispuso a vender su tesoro, pero, por miedo a que se lo confiscaran, no se atrevió a hablar del número de tablillas descubiertas y decidió viajar por todo Egipto, ofreciéndolas poco a poco a anticuarios y turistas. Los trocitos de barro no despertaron el interés de nadie; todos las tomaron como falsas o carentes de valor. Pero este trágico viaje de las tablillas metidas en sacos, maltratadas por golpes y rozaduras, danó irremediablemente la mitad de las cartas halladas.

Por fin un anticuario de Luxor compró su totalidad a un precio irrisorio y mandó una muestra a los especialistas de El Cairo y París. El Dr. Oppert en París las calificó de basura y Grébaut, jefe del Servicio de Antigüedades en Egipto, guardó silencio. Pero pronto se averiguó que el idioma escrito en esos misteriosos trozos de barro era acadio y el interés por la tablillas se despertó en museos y coleccionistas. ¡Acadio en pleno Egipto Medio! La extrañeza del suceso azuzaba el deseo de compra. Empieza entonces un segundo viaje de las tablillas, no menos trágico que el anterior. Los poseedores de algunas cartas las esconden para especular más adelante; los anticuarios rompen algunas para dividirse el botín; los museos adquieren mitades y trozos sueltos y aquellos que tienen en su poder los pedazos complementarios exageran en sus demandas. La carrera por adquirir el nuevo archivo se desata, hasta el punto de que Eugène Grébaud, comprendiendo el error cometido, acude a la Policía para conseguir las tablillas que tan torpemente dejó pasar por sus manos. Detiene y persigue a todos los compradores de las cartas, llegando a arrestar a Wallis Budge, que en aquel momento compraba antigüedades para el Museo Británico, en su casa de Luxor.

Este casual descubrimiento es uno de los más importantes para la historia de aquel momento. Las cartas de Amarna son el mejor testigo de la vida de la época dentro y fuera de Egipto; por ellas averiguamos las costumbres de las diferentes cortes y adivinamos el carácter de los monarcas escritores. En ellas se reflejan las relaciones diplomáticas y las guerras, los matrimonios reales y las prácticas comerciales, las fidelidades y las traiciones. Además, por ellas se conoció la existencia de dos lenguas perdidas, la hitita (cartas EA 31, EA 32) y la hurrita (carta EA 24).

Otro descubrimiento casual fue el de la tumba real. Parece ser que los habitantes de Hagg Qandil conocían el lugar, aunque los excavadores no lograban averiguarlo. A partir de 1882, los franceses, dirigidos por Alexandre Barsanti, excavaban en Amarna y entonces, cuando los nativos comprendieron que no quedaba en la tumba nada que ellos pudieran seguir vendiendo con facilidad, decidieron descubrir su emplazamiento a la misión francesa y sacar el último beneficio para su provecho.

La tumba real hubiera sido muy difícil de descubrir por los arqueólogos, pues se encuentra en la parte oriental de la colina arábiga. Es decir, hay que atravesar la cordillera por un uadi* para llegar al lado opuesto y andar todavía varios kilómetros por el hoy llamado Valle Real. Es un lugar salvaje y desértico, que adquiere una gran belleza a la salida del sol cuando las arenas se tiñen de malva. Quizá éste fue el motivo por el que el rey lo eligió para su morada de eternidad. Se piensa, también, que un hipotético rayo de Sol podría llegar a tocar el sepulcro de Akenatón al amanecer si la tumba permaneciera abierta.

La tumba ha sido objeto de sucesivas excavaciones y limpiezas, pero poco a poco ha sufrido un gran deterioro. Las rocas de este lugar son muy duras y difíciles de grabar, por lo que se optó por la pintura.

Siguiendo la técnica del momento, las paredes decoradas se prepararon con una capa de yeso que igualaba la superficie y disimulaba los defectos de las rocas. Sobre ella se cincelaban los dibujos que posteriormente se decoraban. Afortunadamente, a veces, el cincel del escultor dejó trazos en la piedra, por lo cual, aunque el enlucido se haya perdido, se han podido recuperar y copiar algunas escenas. Los primeros dibujos se deben a Bouriant y se publicaron en 1903 en *Monuments por servir à l´étude du culte d´Atonou en Égyte*, Tomo I. Los últimos aparecen en la obra de Geofrey Martin *The Royal tomb at el Amarna*, Volumen II, 1989. Comparando los dos libros se aprecian sensiblemente los daños sufridos por el paso del tiempo, el abandono del lugar y sobre todo por una rivalidad entre dos guardianes que en un arranque de ira destrozaron gran parte de la decoración de dos de las salas en 1937.

La mayor novedad que presenta la tumba real de Amarna es que se construyó como tumba familiar, con varias salas y dependencias, hecho que se da por primera vez en sepulturas reales. A la derecha del eje principal hay un pasillo con una serie de estancias sin decorar que, dadas las dimensiones, podrían haber sido destinadas como morada eterna de Nefertiti. Otras dos salas, llamadas Alfa y Gamma, de las que hablaremos más adelante, fueron utilizadas para el enterramiento de dos damas reales, muertas en vida de Akenatón.

La decoración es también original, puesto que mientras las tumbas de los antecesores inmediatos de Akenatón muestran escenas tenebrosas e incomprensibles del más allá, representando el libro del *Amduat* (ver *Especulaciones intelectuales*. Capítulo I), en la tumba real de Amarna solamente aparecen escenas del mundo terrenal en las cuales Nefertiti está siempre presente, adorando a Atón o llorando junto con su esposo la muerte de algún ser querido. En el Valle de los Reyes, los faraones se encuentran cara a cara con distintos dioses mientras andan solos, sin sus esposas, por los caminos de ultratumba. En Amarna la reina Nefertiti acompaña siempre al rey y está representada en todas las salas decoradas, incluso en la cámara funeraria. Y hasta en el propio sepulcro del rey, las cuatro diosas que normalmente aparecen en los laterales con los brazos abiertos protegiendo a la momia, fueron reemplazadas por su amada Nefertiti, que abraza las cuatro esquinas para asegurar la felicidad eterna de su esposo. El periodo de Amarna es singular en todas sus manifestaciones y la reina toma parte directa en todos los aspectos religiosos del nuevo sistema que se quiso establecer en Egipto, pero que duró sólo unos diecisiete años.

Hemos hablado de unos descubrimientos fortuitos en Amarna, porque hubo que esperar a 1911 para que comenzase un estudio arqueológico ordenado a gran escala. Fue la misión alemana dirigida por Borchardt la que llevó a cabo una gran labor topográfica, levantando un plano minucioso de gran parte de la ciudad. A estos mapas, ejecutados por Timme, se añadió posteriormente una cuadrícula, indicando cada cuadrado por medio de números seguidos, en dirección norte-sur, y de letras consecutivas que van de oeste a este. Además de estos dos indicadores, a cada edificio hallado se le adjudica un número identificativo, esencialmente útil para las casas privadas, ya que desconocemos los nombres de casi todos sus habitantes. Por ejemplo Q.42.21 es el edificio 21 del cuadrado Q 42 y corresponde al despacho y archivo de la correspondencia del rey en la ciudad central, donde se hallaron las famosas cartas de Amarna. Así mismo los objetos o las vigas, los pequeños trozos de cerámica o tela, los restos de mosaicos o pigmentos encontrados en cada edificio se etiquetan con el número de éste, sabiendo siempre a qué lugar pertenecieron.

Con todas estas modalidades, los alemanes inician una excavación metódica cuyos esfuerzos se vieron colmados, pues entre las casas descubiertas se encontraba la de un escultor desconocido hasta entonces, Tutmosis, hoy considerado como uno de los artistas consumados del arte universal. Esparcidas por el estudio se encontraron varias esculturas de la época y en una habitación tapiada hallaron el famoso busto de Nefertiti junto a otras sesenta esculturas representando a miembros de la familia real, especialmente las princesitas, hijas de Nefertiti.

Según las leyes de entonces, las piezas de gran valor debían quedarse en Egipto, por lo que Borchard logró sacar el famoso busto y llevarlo a Alemania como resto sin valor. Por esto insistió en ocultar la escultura y lo consiguió desde 1913 que llegó a Berlín hasta 1924, fecha en la que el entonces director del Museo Egipcio ordenó su exhibición. La escultura desencadenó un entusiasmo sin precedentes y Lacau, entonces presidente del Servicio de Antigüedades egipcias,

Busto de Nefertiti encontrado en el estudio del escultor Tutmosis.
Museo de Berlín.

43

pidió su inmediata devolución a El Cairo. Hubo varios intentos por parte de las autoridades alemanas para devolver el busto a su país de origen, pero todas fracasaron por las enconadas protestas del público y la prensa.

El busto es de caliza policromada revestida de estuco y está muy bien conservado, aunque a la corona le falta la cabeza de la cobra protectora de la realeza. Pero el rasgo más chocante es la cuenca vacía del ojo izquierdo. Después del hallazgo Borchard prometió una alta recompensa al trabajador que encontrara el ojo perdido, pero la búsqueda resultó infructuosa. Años después se llegó a la conclusión de que el ojo izquierdo no había existido nunca, ya que el espacio para albergarlo era muy plano y, en aquel momento, no quedaban restos del pegamento que debía sostenerlo. Tanta curiosidad despertó el ojo vacío de la reina que se permitió al director del laboratorio químico de los museos berlineses que desmontara el ojo derecho y observara cómo estaba colocado. El ojo resultó ser una concha hueca de cristal de roca y el iris y la pupila estaban formados por cera de abeja coloreadas de negro; lo blanco del globo ocular es simplemente la transparencia de la piedra caliza de la escultura. Posiblemente la propia cera servía de pegamento. Con este estudio se podía considerar de nuevo la posibilidad de la existencia del ojo izquierdo, ya que había sitio suficiente para otra concha de cristal y siendo cera el pegamento es fácil suponer que desapareció al limpiar la pieza. En efecto, la primera foto de la escultura muestra huellas de un material negro en el ojo izquierdo. De aquí que en la actualidad se piensa que originalmente el busto de la reina pudo tener sus dos ojos.

Las facciones de Nefertiti son perfectas y parecen totalmente simétricas, tanto que en un estudio fotogramétrico de R. Krauss, realizado superponiendo una cuadrícula egipcia, la imagen resulta casi matemática. Sin embargo, la estatua parece que tiene vida propia. A pesar de verla reproducida mil veces en mil sitios inverosímiles, nos sigue sorprendiendo y emocionando cuando visitamos el Museo de Berlín. Su maravilloso encanto transmite al espectador una vitalidad y fuerza interior emocionantes, que las cámaras fotográficas no son capaces de captar. La reina parece que sigue palpitando y respirando dentro de su vitrina de cristal, ensimismada en sus bellos pensamientos que la hacen sonreír, ajena y alejada de aquellos curiosos turistas que la miran extasiados. Quizá sea esta preciosa escultura el compendio de la historia de Amarna: unos seres encerrados en una bella ciudad, sin querer darse cuenta de lo que sucedía a su alrededor.

Después de unos años de inactividad a causa de la Primera Guerra Mundial, The Egypt Exploration Found obtuvo la concesión para excavar en Amarna. En 1921, se iniciaron los trabajos con T.E. Peet, a quien siguieron C.L. Wooley, T. Whittemore, H. Frankfort, J.D.S. Pendlebury y otros muchos. Las sucesivas misiones inglesas prácticamente excavaron toda la ciudad de Amarna, publicando sus trabajos en *The City of Akhenaten I, II y III*. Por supuesto que Nefertiti, reina y señora de la ciudad, salía al encuentro de las palas excavadoras en paredes, estelas y trozos de esculturas. El hallazgo más sensacional fue la preciosa cabeza inacabada de la reina, encontrada en el estudio de un escultor situado cerca del Palacio Ceremonial y que hoy está en el Museo de El Cairo. Es una escultura en cuarcita de color marrón rojizo, de una belleza extraordinaria. Muestra una mujer madura y serena, con cuello de cisne y facciones delicadas. Al final de la frente se distingue el soporte para una corona, quizás el casco típico de la reina realizado en algún otro material. Comparando esta pieza con el busto de Berlín, podemos confirmar la hermosura singular de Nefertiti, pero tal vez apreciamos más viveza y expresividad en la escultura berlinesa y una imagen más fría y distante en la de El Cairo.

Volvió a haber una interrupción de las excavaciones durante la Segunda Guerra Mundial. Tras ella, el Servicio de Antigüedades Egipcias se hizo cargo de esta zona durante unos años, hasta que en 1977 volvió el grupo inglés, ahora llamado Egypt Exploration Society, bajo la dirección continuada de Barry Kemp. Los sistemas arqueológicos son totalmente diferentes a los empleados a principios de siglo. Ahora se da más importancia a descubrir los modos de vida de los hombres que a encontrar hallazgos espectaculares. Por ello se está utilizando una fuente de información, despreciada, en gran parte, por antiguos excavadores: los montones de basuras acumulados en la ciudad. Los egipcios, tan amantes de los perfumes, a los que vemos continuamente en relieves y pinturas oliendo flores de loto, no tenían lugares específicos, alejados de las casas, para verter los desperdicios, sino que los echaban al lado de sus propios domicilios, lo que, dado el calor de Egipto, causaría un olor fétido y propiciaría cantidad de insectos y enfermedades. En la actualidad estos restos nos indican el consumo de las casas y barrios, la comida propia de cada estrato social y los tejidos utilizados. El último libro sobre un tema específico publicado por Barry Kemp y Gillian Vogelsang-Eastwood se titula *The Ancient Textile Industry at Amarna,* 2001, y muestra las pequeñas muestras halladas, analiza la trama del tejido, la clase de fibra que las compone, la manera del hilado y el tejido de los distintos telares.

Otros interesantes experimentos que se están llevando a cabo consisten en fabricar o construir instrumentos y estructuras idénticas a las halladas en las excavaciones para ensayar los posibles métodos empleados hace más de tres mil años. Por ejemplo, se han reconstruido un torno y un horno de cerámica exactamente iguales que los usados en la época de Akenatón con el fin de determinar qué clase de horno se utilizaba para los diferentes tipos de cerámica encontrada. Lo mismo ocurre con la molienda y cocción de pan y con la obtención de la famosa cerveza que, patrocinada por los almacenes Harrods, ha llegado a envasarse para coleccionistas. Los resultados de todos estos trabajos se publican detalladamente con el título de *Amarna Reports*, de los que actualmente hay 6 tomos. También los estudios topográficos realizados durante ocho años por Barry Kemp y Salvatore Garfi salieron a la luz en 1993 bajo el título de *A survey of the Ancient City of el Amarna.* Consiste en un libro informativo y 8 grandes mapas de 120 x 74 cm.

Más adelante veremos cómo la presencia de Nefertiti sigue patente en las nuevas excavaciones, ya que ha surgido inesperadamente un gran edificio, probablemente, dedicado a la reina.

Los orígenes de Nefertiti

Sabemos muy poco con certeza sobre la vida de la reina Nefertiti. Hay diferentes especulaciones sobre sus orígenes sin pruebas científicas y varias teorías con fundamentos arqueológicos, de las que vamos a hablar aunque ninguna llega a dar una conclusión definitiva.

Petrie, que, como hemos visto, excavó durante varios años en Amarna, fue defensor de que Nefertiti era extranjera, identificándola con la princesa mitana Tadukepa. Tadukepa era hija de Tushratta y vino a Egipto para desposar al ya anciano Amenofis III. La belleza de Tadukepa debió de asombrar al enviado de Egipto a la corte de Mitanni para arreglar el matrimonio del rey, tanto que Tushratta escribe: *Cuando la vio la alabó muchísimo* (EA 19). En esos momentos Amenofis III estaba escatimando el envío de oro que le pedía desesperadamente en rey de Mitanni, sin embargo, colmó de regalos al embajador que llevó a Egipto a la princesa, dándole lingotes de oro que pesaban 1.000 *shekels* y a la propia princesa Tadukepa una serie de sacos llenos de oro, los cuales mostró a los mensajeros mitanos; en ese momento de esplendidez el faraón también envió al padre de su nueva esposa, Tushratta, siete sacos de oro (EA 29). ¿Puede ser una prueba de que el anciano rey se conmovió con la belleza de la princesa mitana? ¿Sería esta bella dama la futura Gran Esposa Real, es decir, la propia Nefertiti?

Cuando el rey murió, Tadukepa pasó a ser una de las esposas de Akenatón. Esto lo sabemos por la correspondencia de su padre con la corte egipcia. Tushratta, después de la muerte de Amenofis III, escribe la primera carta a la reina Tiy y en ella desea *que mi hija Tadukepa, tu nuera, siga bien* (EA 26). En las otras cartas, dirigidas ya a Akenatón se nombra a sí mismo: *Escribe Tushratta, el gran rey, el rey de Mitanni, tu suegro.* Luego no cabe duda de que Tadukepa fue una esposa de Akenatón. Pero, ¿cambió su nombre por el de Nefertiti o fue una esposa secundaria del faraón? Uno de los argumentos que dan los seguidores de que Nefertiti era extranjera es que su nombre significa en egipcio *la bella que llegó* y deducen que debió de ser una princesa extranjera que vino a Egipto y desposó al rey. Otra razón bastante convincente sobre esta hipótesis es que la fórmula normal de comenzar las cartas en la correspondencia entre reyes de aquel entonces era desear que se encuentre bien el *rey, sus mujeres, sus nobles, su pueblo, sus caballos...* Tushratta personaliza más y desea que se encuentren bien: *Tiy, tu madre... Tadukepa, mi hija, tu esposa... el resto de tus esposas, tus hijos, tus nobles...* Si hubiera existido otra gran reina, el protocolo exigiría incluirla en este saludo. Además, cuando Tushratta manda regalos también lo hace para estas dos damas, la reina Tiy y su hija Tadukepa; de existir separadamente Nefertiti supondría una gran ofensa no enviar a la

Gran Esposa Real otro presente. Ésta es, por tanto, una teoría que sigue todavía vigente.

Posteriormente el egiptólogo inglés Aldred, otro gran estudioso de este periodo, sugirió que Nefertiti podría ser hija de Ay, un gran funcionario de Amarna que reinó como faraón a la muerte de Tutankamón. Se especula que Ay pudo ser hermano de la reina Tiy, madre de Akenatón, por lo que, de ser válida esta filiación, Nefertiti sería prima de su esposo.

Es muy interesante el estudio del egiptólogo americano Hayes, quien indica varias coincidencias entre los padres o posibles padres de tres reinas que no fueron *Hijas del Rey* de esta dinastía. Señala la similitud de los nombres no egipcios de estos altos funcionarios. Son: 1) Yey, posible padre de Merytra-Hatshepsut, esposa de Tutmosis III y madre de Amenofis II; 2) Yuya, padre de la reina Tiy, esposa de Amenofis III y madre de Akenatón; y 3) Ay, posible padre de Nefertiti, esposa de Akenatón y madre de seis hijas. Advierte también la coincidencia de sus cargos, ya que los tres llevaban los títulos de *Padre divino* y *Comandante de Carros*; de estas similitudes deduce la posibilidad de que los tres pertenecieran a una misma familia extranjera, indudablemente muy cercana a la realeza. Por otra parte, Aldred destaca que tanto Huy, madre de Merytra-Hatshepsut, como Tuya, madre de Tiy, ostentaron igualmente el mismo cargo, *Superiora del harén de Amón*; por ello apunta la posibilidad de que este cargo, a falta de una descendiente real, podría trasmitir a su hija el derecho a la corona. Quizá se vean con más claridad estas comparaciones en el siguiente cuadro.

POSIBLES PARENTESCOS Y COINCIDENCIAS

Primer caso: YEY   HUY
              Comandante de carros   Superiora del Harén
                                       de Amón

                    MERYTRA-HATSHEPSUT
            Esposa de Tutmosis III y madre de Amenofis II

Segundo caso   YUYA   TUYA
              Comandante de carros   Superiora del Harén de Amón
Los dos casos
provienen
de Akhmin   TIY
            Esposa de Amenofis III y madre de Akenatón

Tercer caso   AY   ¿
              Comandante de carros

                    NEFERTITI?
            Esposa de Akenatón, madre de seis niñas.

Volviendo a la genealogía de Nefertiti, la tesis formulada por
Aldred se basa en otra evidencia encontrada en la tumba de Ay, en
Amarna, donde figura su esposa Tia como *la alabada del buen dios
(el rey), la que alimentó a la Gran Esposa del rey, adorno real, Tia.*
Esto hizo pensar que Nefertiti podría ser hija de un primer matrimonio de Ay y que, al morir la madre, quizá en el parto, Ay casase con
Tia y ésta criara y educara a la reina. El título de *adorno real* ha tenido
y sigue teniendo muchas interpretaciones aunque todas coinciden en
otorgarlo a damas cercanas a la figura del rey; hoy en día la más aceptada es que eran niñas de la alta sociedad, educadas en el harén real
junto a los príncipes y princesas. Comprobamos, por tanto, que el
entorno de Nefertiti siendo niña era muy cercano a palacio.

Todos estos razonamientos son posibilidades sobre los orígenes de
Nefertiti, pero ninguno de ellos es lo bastante concluyente como para
determinar de forma definitiva quiénes fueron los padres de la reina.
Nefertiti nunca muestra ningún distintivo extranjero como para afir-

mar que era mitana. Por otra parte, si Ay hubiera sido el padre de Nefertiti, lo hubiera publicado en su tumba amárnica, sin embargo, no hay ninguna inscripción que confirme su paternidad.

Lo que es cierto es que Nefertiti tuvo una hermana llamada Mutnedyemet, la cual aparece en varias tumbas de Amarna con la inscripción de *Hermana de la Gran Esposa Real, Neferneferuatón Nefertiti*. Una de estas tumbas es la del propio Ay, lo que puede suponer una nueva conexión con la reina. Pero de nuevo son conjeturas, ya que Mutnedyemet nunca dice quién es su padre y en las representaciones se encuentra en ceremonias oficiales de la familia real, generalmente detrás de las princesas, sus sobrinas, y nunca cerca de Ay o Tia.

Como única conclusión fehaciente podemos afirmar que no sabemos quiénes eran los padres de la bella Nefertiti, aunque indudablemente sería una familia, extranjera o egipcia, muy ligada a la familia real. Más adelante veremos cómo desde los primeros años del reinado Nefertiti ocupa un lugar preeminente en todas las representaciones reales.

Nefertiti, Gran Esposa Real

El rey voló al cielo y se unió con el Sol. Ésta era la manera con la que los egipcios comunicaban la muerte de su rey. Cuando Amenofis III subió al cielo, el oscuro príncipe Amenofis se sentó en el trono de las Dos Tierras con el nombre de Amenofis IV. Al suceder esto puede que Nefertiti no fuera todavía la esposa del nuevo soberano, pues en un dintel de la tumba de Keruef encontramos al rey con su madre la reina Tiy, y no con Nefertiti, ofreciendo a los dioses egipcios. Sin embargo, en otra tumba tebana, la del visir Ramose, que ejerció su función durante el reinado de Amenofis III y primeros años de Amenofis IV, Nefertiti ya se encuentra detrás del faraón en una escena muy emblemática de este reinado que, posteriormente, se grabó en absolutamente todas las tumbas de los nobles de Amarna; se trata del rey y la reina condecorando y dando recompensas al difunto desde una ventana, hoy llamada *Ventana de las Apariciones**.

La pareja real se instaló en Tebas, aunque no sabemos en qué palacio. Puede que en el mismo en el que había vivido la familia real en los últimos años del reinado de Amenofis III, Malkata. Esta sugerencia proviene de que según la inscripción en hierático que figura detrás de la carta de Amarna EA 27, el palacio donde se encontraba Akenatón al recibirla se llamaba *Regocijándose en el horizonte*. El egiptólogo americano Hayes ha estudiado con detenimiento todas las inscripciones encontradas en Malkata y, según él, el palacio se llamó la *Casa de Regocijo* durante la vida de Amenofis III, pero Amenofis IV lo cambió por el de *La fortaleza regocijándose en el horizonte*, el mismo nombre que aparece en la carta EA 27.

Malkata está situada en el oeste de Tebas, lo suficientemente alejada de la franja verde de tierra cultivable para no impedir su desarrollo y, al mismo tiempo, evitar posibles inundaciones. Su situación en el oeste era una novedad en esta clase de construcciones, así como la cercanía al templo funerario del propio rey. Es la primera vez que la residencia real se halla a la sombra del templo funerario del faraón en lugar del Templo de Amón. El complejo de construcciones debía de convertir a Malkata en una ciudad en miniatura. Una parte constaba de una serie de salones de recepción, donde se celebraban las ceremonias oficiales del rey. En la parte residencial se encontraban los palacios privados del rey y de la reina, de los príncipes y princesas. Los grandes harenes reales tendrían varias casas para las esposas más destacadas y sus sirvientes. En edificios aparte se hallaban las casas para empleados, talleres artesanales y pequeños templos. Las pinturas murales son una de las características del palacio de Malkata, sorprendentemente bien conservadas cubiertas por montañas de barro. Algunas representan escenas de la naturaleza como lagos, papiros, pájaros y otros animales; otras son simples adornos como rosetas, espirales o rayas de colores vivos. Restos de ellos se pueden admirar en varios museos y son un antecedente de los frescos realizados en la ciudad de Amarna.

Cuando Akenatón y su bella esposa Nefertiti subieron al trono, Tebas debía de ser una ciudad preciosa bañada por el Nilo y orgullosa de sus edificios. En la orilla este se alzaban los grandes templos de Karnak y Luxor, que habían adquirido proporciones monumentales, mientras que en la orilla occidental se multiplicaban los templos funerarios de los reyes. Allí se hallaban ya construidos los de Mentuhotep, Tutmosis III y Hatshepsut en Deir el Bahari; muy especialmente este último destacaría por sus blancas terrazas colgadas de la montaña rocosa, su vía procesional bordeada de esfinges y los colosos de la reina apoyados en las pilastras de la tercera terraza. Más al sur, en la llanura, se elevaba el magnífico templo *de millones de años* de Amenofis III, grandioso por sus dimensiones, su magnífico lago y sus espléndidas estatuas colosales, entre ellas los colosos de Memnón, cuyos pies bañaba el Nilo cuando crecía; la grandiosidad de su visión debía de infundir respeto y a la vez miedo por ese semidiós representado, el faraón.

El palacio de Malkata rodeado de construcciones y su inmenso puerto darían vida a esa zona, morada indiscutible de los difuntos. Los extranjeros que llegaran a la puerta de la ciudad debían quedar maravillados y los viajeros que la atravesaran por el Nilo verían reflejadas las grandes columnas de todos estos templos que se partirían en el agua al paso de su barca.

A Tebas se la conocía por la *ciudad del sur* o simplemente *la ciudad,* dando a entender que era la ciudad por excelencia. Al principio de la dinastía XVIII existía una ciudad planificada, formada por un rectángulo de calles iguales, quizá la mayor de entonces. Pero el templo de Karnak no hizo más que crecer y fue desplazando a la población hacia el este. La antigua ciudad se encuentra hoy bajo el templo, donde la han encontrado los excavadores franceses. Amenofis III varió gran parte de la fisonomía de Tebas, con sus enormes construcciones, como Luxor, y las vías procesionales que unían este templo con el de Karnak. Logró formar un centro religioso que constituía el teatro ceremonial más importante del país. Las grandes fiestas atraerían a gentes de otras ciudades que admirarían el poder del rey. En todo caso, el acercarse al templo de Karnak debía de ser un espectáculo impresionante para el pueblo llano. Rodeado por una muralla fortificada con torreones cuadrados, la magnitud de la construcción clamaba al cielo la grandeza de los reyes. Los colores brillantes atraían la atención sobre inmensas estatuas o figuras esculpidas en los pilonos de entrada, con relieve profundo para destacar el sol y sombra en su contorno. La Majestad llena de furia y movimiento de Tutmosis III en el séptimo pilono sigue causando admiración a los visitantes actuales, tres mil quinientos años después de su construcción.

En esta Tebas vivía una sociedad rica y sofisticada, prósperos comerciantes y artesanos y miles de obreros sin casa propia, contratados temporalmente para alguna construcción y que en tiempo de siembra o recolección se trasladarían al campo afanándose en las tareas agrícolas. Por sus populosas calles circularían también los príncipes de los pueblos vasallos que venían a educarse a Egipto y los séquitos de los embajadores extranjeros que traían alguna misiva de sus reyes para el faraón.

Las casas podían tener varios pisos. En la tumba de Dyehutynefer (TT 104), del reinado de Amenofis II, tenemos un ejemplo. En el registro superior el dueño está sentado y dos personajes de pie parecen presentarle algo para su venta, mientras dos escribas sentados detrás de la columna apuntan sigilosamente el negocio o intercambio que se está realizando. En el registro intermedio, el señor de la casa está, de nuevo, sentado mientras una criada le ofrece alguna bebida y un sirviente le aporta un ramo de flores; puede que los dos hombres de detrás estén llevándole la comida. El primer piso se ha aprovechado para instalar los talleres de productos necesarios para la familia, como los telares para fabricar el lino de los vestidos; la primera habitación estaba dedicada al hilado; la segunda, a tejer en un moderno telar vertical. En la tercera habitación vemos vasijas y hombres con telas, pudiendo tratarse de un lavadero o del tinte de las telas tejidas. Puede que la estancia encima de las escaleras fuera una carnicería, donde el carnicero estaría cortando las partes de un animal y colgándolas para dejarlas secar. Es curioso que a falta de terreno o jardines, cinco graneros para guardar las provisiones de grano y dos hornos para cocer el pan se encuentren en la terraza; vemos cómo los trabajadores de la casa suben con los sacos de grano.

En esta ciudad, llena de vida y opulencia, se instalaron Akenatón y Nefertiti, permanecieron unos ocho años y allí nacieron sus tres primeras hijas, Meritatón, Meketatón y Ankesempaatón. Debió de ser un tiempo difícil para el rey, pero, de acuerdo con los hallazgos, feliz para Nefertiti, pues mostró al mundo entero su poder.

53

III. NEFERTITI EN KARNAK

Nefertiti ritualista en el templo de Atón de Karnak

Desde el primer año de su reinado, Amenofis IV comenzó una actividad constructora desbordante empezando la edificación de templos de Atón, seguramente, por todo el país, incluida Nubia, donde quedan restos en Kawa y Sesebi. Los egipcios acostumbrados a las colosales obras de Amenofis III no pudieron sorprenderse por esta iniciativa del nuevo soberano. Desgraciadamente todos fueron desmantelados y los pobres y maltrechos restos encontrados no permiten averiguar su estructura ni la información que sobre este momento podrían aportarnos. El mejor excavado se hallaba al este del recinto sagrado de Amón en Karnak, donde, desde 1966 hasta este momento, trabaja una misión de la Universidad de Pennsylvania, llamada Akhenaten Temple Project, dirigida por Donald Redford. El lugar elegido para este gran templo demuestra que el rey propuso, en principio, una convivencia pacífica entre Amón y Atón. Sin apoderarse del espacio de Amón, llegó a levantar ocho edificios separados de grandes proporciones en el corto espacio de menos de cinco años. Cuando subió al trono el faraón Horemheb y se desencadenó el *Damnatio Memoriae* contra Amenofis IV, el Gran Templo de Atón en Karnak fue desmantelado y sus paredes llenas de relieves sirvieron de relleno para los pilonos II, III, IX, X y hasta para los cimientos de la gran sala hipóstila del templo de Amón. Los excavadores franceses de Karnak los fueron desenterrando entre los años 1921-1953, llegando a encontrar más de 45.000 trozos, conocidos por el nombre de *talatat,* derivación del número árabe tres en plural, quizá porque su tamaño, 56 x 26 x 24 cm, es aproximadamente tres veces una mano. Pero, en un principio, no se fotografiaron ni documentaron adecuadamente los hallazgos, y, en muchos casos, se dejaron los bloques almacenados, siendo manipulados sin cuidado y transportados varias veces a lugares diferentes. De este modo se mezclaron y confundieron unos con otros, ocasionando que, hasta aquellos que se habían colocado de relleno tal y como se iban desmantelando, es decir, aquellos que parecían fácilmente encajables, formen hoy un gran puzle difícil de casar. Sólo se ha reconstruido con éxito el gran panel que hoy se encuentra en el Museo de Luxor.

Entre todos estos relieves nos sorprende el número de veces que Nefertiti está representada, ocupando un lugar más predominante que el propio faraón, prueba eminente de su importancia desde los primeros años del reinado y de la participación activa de la reina en la implantación de las reformas religiosas de su esposo. En el total de los bloques encontrados pertenecientes a los grandes pilonos del templo, Nefertiti está representada un 11,3 por ciento y el rey un 6,4 por ciento. Y en un recuento de los restos del templo hallados hasta 1976, Nefertiti aparece en 564 relieves, mientras que el faraón lo hace en sólo 329. Se han distinguido diecisiete tipos de mesas de ofrendas y sólo en tres figuran los cartelas de Amenofis IV y Nefertiti. En todos los demás la cartela es de Nefertiti sola. También en estos momentos y en este templo aparece por primera vez la cartela de la reina con dos nombres, Neferneferuatón Nefertiti. Aunque los faraones usaban dos nombres encerrados en dos cartelas, las reinas solamente tenían uno. Como caso excepcional vemos que Nefertiti en el templo de Atón en Karnak goza de dos nombres, pero encerrados en una sola cartela. Una prerrogativa más de la reina en estos primeros años.

Pero la mayor singularidad es que se ha encontrado una serie de talatats, principalmente en los cimientos de las columnas de la sala hipóstila, que hablan de un edificio llamado la capilla del Benben. El benben era una piedra con una forma entre pirámide y obelisco relacionada con el culto solar, ya que la leyenda la califica como la primera colina o tierra firme que surgió de las aguas primordiales y desde donde el Sol inició su creación. Las excavaciones no han localizado el lugar exacto del emplazamiento de esta capilla en Karnak, pero por los relieves se han podido reconstruir algunas estructuras. Tiene como peculiaridad que sólo Nefertiti ejerce de oficiante, casi siempre seguida de una hija y a veces de dos, pero lo intrigante es que

56

el rey no aparece en ningún momento. Nefertiti ofrecía a Atón directamente, siendo la primera reina que actúa como ritualista prescindiendo del faraón y actuando, por tanto, como mediadora de la humanidad ante el dios. Volvemos a ver a una reina participando en poderes sobrenaturales de su esposo.

Uno de los edificios más significativos de este gran complejo es el Gempaatón, enorme cuadrilátero de alrededor de 130 x 200 m², situado al este del templo de Amón. Consistía en una serie de patios abiertos a lo largo de su eje, rodeados por un muro de unos dos metros de ancho y aproximadamente nueve de alto. Su cara interior estaba adornada con relieves de colores brillantes representando un extraño festival Sed del faraón y para protegerlos se colocó una columnata techada de pilares rectangulares en la que se apoyaban unos grandes colosos, los cuales han dado mucho que hablar. Vamos a ver con más detenimiento estas dos singularidades: el festival Sed y los fascinantes colosos.

El extraño festival Sed

Desconocemos el porqué de este festival Sed del rey, ya que su finalidad no podía ser el rejuvenecimiento de un soberano joven y recién coronado. Lo que sí podría indicar es la renovación de poderes a la monarquía egipcia de la mano exclusiva del nuevo dios, Atón, sin necesidad de recurrir a la aprobación de las demás divinidades egipcias, que participaban anteriormente en esta fiesta. En los relieves vemos un gran patio con las diferentes capillas donde, normalmente, todos los dioses del panteón egipcio eran adorados y obsequiados por el soberano. Sin embargo, comprobamos que esas capillas no están techadas y en su interior no se ve ninguna imagen sagrada, sino los rayos solares que penetran en ella, siendo al Sol a quien el faraón ofrece. El rey va de una a otra, portando la corona Roja del Bajo Egipto en los relieves del norte y la corona Blanca del Alto Egipto en los relieves del sur, demostrando que estaba adorando a todos los dioses del país, aunque sus imágenes fueron sustituidas por los rayos de Atón. Curiosamente aparece una procesión de una divinidad secundaria en el panteón egipcio, la diosa escorpión Selket, mientras que los grandes dioses primordiales, como Ptah, Amón, Tot y otros desaparecen de la ceremonia. Todo ello parece ser un acto simbólico por el que el rey reemplazaba a todos y cada uno de los dioses ancestrales por Atón o disco solar, dejando algunas deidades domésticas como meros amuletos para el pueblo.

Indudablemente este acto suscitaría recelos entre los fieles adoradores de otras divinidades y crearía gran malestar entre los diferentes cleros de los distintos dioses, especialmente en los del prepotente Amón, postergados ante la supremacía de Atón. También los nobles se verían humillados ya que ninguno de ellos fue nombrado por su nombre propio y ninguno participó en las ceremonias, como vimos en los festivales Sed de Amenofis III. Los altos cargos no tuvieron más protagonismo que el de acompañar al faraón, quien oficiaba y reverenciaba en exclusiva al Atón. Es más, desde estos primeros momentos el rey quiso demostrar su autoridad y poner a los nobles en el lugar en el que siempre habían estado, sometidos a la mágica corona del faraón. Por esto todos los acompañantes de la ceremonia van agachados en señal de reverencia y los maestros de ceremonias, chambelanes y otros funcionarios cercanos al rey *besan el suelo*, es decir, se postran ante los pies del soberano. Es indudable que era una costumbre generalizada el *besar el suelo* delante del rey; sin embargo, la orgullosa nobleza no gustaba de representarse plásticamente en este acto de sumisión. En algunos textos anteriores aparece la frase de *besando el suelo ante el buen dios* pero no va acompañada de la representación plástica. Suponemos que pudo ser una imposición regia que debió de acatar la nobleza, pues también el visir Ramose, que pertenecía a los funcionarios de Amenofis III, aparece besando el suelo en la escena de su tumba en la que Amenofis IV y Nefertiti le están condecorando. Sin duda, estas degradaciones tenían como finalidad devolver la autoridad absoluta a la monarquía egipcia, pero la manera tan brusca y el cambio tan repentino pudieron provocar una fuerte reacción entre la engreída nobleza del reinado anterior y el prepotente clero de Amón. El faraón estaba cosechando enemigos en dos focos bien establecidos de poder.

La reina Nefertiti continúa la tradición iniciada por Tiy y acompaña a su esposo en estas extrañas ceremonias; también ante ella doblan la espalda los participantes como signo de sumisión. En los relieves se distingue la pompa de las procesiones llevando al rey y a la reina en distintos palanquines, rodeados de los portaabanicos, oficiales, cortesanos, embajadores extranjeros y demás personajes de la corte, todos en actitud reverente. Observamos que el trono del palanquín de la reina está adornado con una imagen de la soberana como esfinge coronada con la corona de doble pluma, la misma que luce Nefertiti en estas ceremonias. También aquí Nefertiti sigue a Tiy adoptando la figura faraónica de la esfinge y demostrando una cierta igualdad con el faraón. Al llegar al templo, vemos cómo la reina acompaña a Amenofis IV a su interior.

Después de las ceremonias se celebraron grandes banquetes en un palacio, probablemente construido para este festival. La real pareja cena en una sala situada en un plano superior al patio donde sus invitados lo hacen, conservando la distancia de la sagrada monarquía. Este hecho contrasta de nuevo con los festivales de Amenofis III en los que los nobles recibieron la comida de la mesa del rey y Amenofis hijo de Hapu se sentó frente al estrado de los soberanos. Pero se tiene buen cuidado en resaltar el lujo de la celebración, representando toda la parafernalia del banquete, mujeres músicas y cantoras, así como músicos asiáticos. Al final el rey y la reina saludaron a sus súbditos, también a distancia, desde la Ventana de las Apariciones.

Mientras la humillada nobleza escondía su malestar por todos estos desplantes reales y, suponemos, trataba de ganarse el favor del nuevo monarca para volver a sus prerrogativas de antaño, el pueblo se vio de nuevo envuelto en la suntuosidad de unos festejos con abundante comida, bebida y diversión. Puede que esta acción no fuera fortuita, sino buscada por el rey para apoyar su poder en el fervor popular y así contrarrestar la frialdad de la corte y disuadir a los nobles de cualquier cambio en su política.

La columnata, detrás de la cual se encontraban los relieves del festival Sed, estaba adornada con unos colosos del rey, adosados a los pilares del lado sur y una serie de estatuas en cuarcita roja de tamaño natural entre los pilares del lado norte, algunas de ellas representando a Nefertiti. Entre estas obras las más famosas son los colosos de Amenofis IV.

En 1925, el arqueólogo francés Chevrier estaba excavando un canal alrededor del templo de Karnak para mejorar el drenaje de sus ruinas y en el este de la puerta de Nectanebo aparecieron enterrados una serie de colosos de Amenofis IV. Algunos sólo eran fragmentos pero el espectacular descubrimiento hizo que Chevrier no dejase de dedicar algo de su tiempo cada año a excavar en esa zona. El mundo egiptológico quedó paralizado ante aquellas figuras que caían fuera de los arquetipos conocidos de colosos faraónicos. Más se asombrarían los contemporáneos de Amenofis IV cuando contemplaron por primera vez estas grandes estatuas con una decepcionante iconografía del ser humano. Los egipcios, habituados a la belleza metódica, artificiosa y perfecta del reinado anterior, se escandalizarían y considerarían casi una blasfemia contra el arte y el buen gusto el súbito y drástico cambio. Los famosos colosos adosados a los pilares del Gempaatón rompen todos los cánones del arte egipcio y debieron de causar horror, temor o admiración, en todo caso turbación, a todos aquellos que los contemplaban. Puede que, con cierta vergüenza, el posible escultor, Bak, se disculpara de los *monstruos* producidos, alegando que el artífice de estas novedades era el propio faraón y en una estela de Assuán recalca que él sólo fue *el alumno a quien Su Majestad misma enseñó*; aunque la frase es estereotipada parece adquirir todo su contenido en este momento. La verdad es que los colosos, todavía hoy, desconciertan a quien los contempla.

Es indudable que la gran peculiaridad de estas estatuas es el cuerpo deforme del rey. Tipo humano esquemático, grandes volúmenes con ciertos detalles exagerados más allá de la realidad: vientre abombado, cintura muy fina, cuello largo. La cara alargada con ojos almendrados, labios carnosos, barbilla exagerada. Pero, a pesar de sus alteraciones, tienen una grandeza espectacular. La ejecución técnica es perfecta y la maestría del artista añadió a esos cuerpos deformes una fuerza interior turbadora. Los colosos tienen vida por sí mismos, mostrada de manera original y propia, siguiendo el impulso naturalista impuesto por el rey a todo el conjunto de sus reformas. No parece sensato enjuiciar una explicación fuera del contexto *filosófico* del periodo, ni querer buscar antecedentes a su estilo artístico.

A pesar de ello, esta extraña iconografía ha levantado muchas suspicacias sobre la salud del monarca. Algunos piensan que las deformidades expresadas se deben a una grave enfermedad denominada el síndrome de Fröhlich, desorden endocrino cuyas manifestaciones

Un coloso de Akenatón. Museo de El Cairo.

físicas tenían, supuestamente, mucho en común con la manera en la que era representado Akenatón. Sin embargo, la mayoría de los que sufren esta enfermedad son retrasados mentales e impotentes. Amenofis IV-Akenatón no tenía estas deficiencias, fue un rey con ideas muy claras que las puso en marcha valientemente; tuvo seis hijas, y sólo la imaginación puede darles otro padre. Más recientemente, el canadiense Alwyn L. Burridge ha propuesto que el rey sufrió un desorden genético conocido por el síndrome de Marfan, causado por un único gen dominante y anormal, y que no implica ninguna discapacidad mental o reproductiva. Por el momento todo son conjeturas científicas sin comprobación efectiva; para justificar alguna enfermedad habría que hacer un análisis de ADN de una momia emparentada con Akenatón, cosa que de momento no se ha efectuado. En otro plano de reflexión, Barry Kemp piensa que Amenofis IV se hacía representar así como *una tentativa audaz de retratar a la monarquía como una fuerza cuyas características la apartaban del plano corriente de las experiencias humanas.* Pero esa tentativa era propia de todos los reyes egipcios. ¿Cabe mayor irrealidad que la eterna juventud expresadas en las estatuas de casi todos los faraones y muy especialmente del padre de Akenatón, Amenofis III? Para alejarse de las experiencias humanas, no hubiera tenido nada más que seguir la tradición, por otro lado, mucho mas estética, y no olvidemos que Akenatón era un gran amante del arte. Estas primeras deformaciones pueden ser, simplemente, un deseo de expresar la realidad humana que los artistas, no acostumbrados a copiar del natural, convirtieron en caricatura. Si hubiera sido una concepción sobre la monarquía no hubiera derivado el arte de la época en el maravilloso naturalismo en que se convirtió poco después: personas humanas, con tendones y huesos que parecen respirar y algunas tan bellas como las estatuas de Nefertiti de las que ya hemos hablado.

Indudablemente el lenguaje plástico cambió radicalmente; el artista, en el reinado anterior, hacía una abstracción mental de los rasgos del faraón, con el fin de despojarlos de cualquier indicio de fealdad, puesto que el mensaje de la estatua era mostrar la imagen eterna de un faraón idealizado. Amenofis IV quiere romper, desde el momento de su ascensión al trono, esa forzada sublimación del ser humano y transmitir plásticamente su *filosofía* doctrinal: la búsqueda de la realidad material como fuente de conocimiento y única verdad existente. Pero el artista siguió haciendo la abstracción mental a la que estaba acostumbrado, tratando de resaltar cualquier peculiaridad personal, aunque fueran pequeños defectos. La imagen obtenida es quizá más irreal que las anteriores pero la intencionalidad queda claramente expuesta.

Posibles explicaciones de la iconografía aplicada

Una particularidad de estos colosos es que en ellos el rey alterna su tocado; en unos lleva el nemes* portando encima la doble corona del Alto y Bajo Egipto y en otros unas altas plumas que pueden identificarse con las del dios Shu. Para explicar cómo este rey, que quería ignorar al panteón egipcio, adopta el tocado de uno de los dioses ancestrales hay que remontarse a la leyenda de la creación del universo.

Los egipcios concibieron a un solo dios primordial que se creó a sí mismo y al universo, el dios Sol Atum. El concepto del demiurgo que se autocreó saliendo de la nada debía de ser demasiado sublime para mantenerse a niveles inteligibles del pueblo, ya que la naturaleza mostraba patentemente que la procreación se efectuaba por medio de dos elementos, el masculino y el femenino. Por esto los sacerdotes idearon que el dios primordial contenía en sí mismo los dos principios creativos, pensamiento común a varias culturas de Oriente Próximo, como la mesopotámica, que derivaría en la Hermafrodita griega. En el texto de los sarcófagos leemos que el demiurgo dice: *Yo soy Estos Dos, él y ella.* Para facilitar todavía más la comprensión de esta idea, en un momento dado, los sabios sacerdotes separaron al demiurgo de sus elementos generacionales, creando al dios Shu como su principio masculino y a la diosa Tefnut como su principio femenino. Los textos de los sarcófagos nos explican: *El que era uno se convirtió en tres.* Así pues, Shu y Tefnut introducen los dos sexos en la creación divina, puesto que de ellos se deriva el universo, al concebir a la diosa Nut, el cielo, y al dios Gueb, la Tierra. Éstos, a su vez, engendraron dos parejas de gemelos, Osiris e Isis, Set y Neftis. Como vemos esta leyenda nos muestra que los más antiguos habitantes de la ribera del Nilo ya consideraban al Sol como el creador universal.

Cuando el demiurgo abandonó la Tierra dejó al frente de los hombre a Shu, siendo, por tanto, el primer rey de Egipto de quien derivan todos los faraones. A Shu se le encomendó otra misión, separar a sus dos hijos, el cielo, la diosa Nut, de la Tierra, el dios Gueb. Así se convirtió en el dios de la atmósfera y el aire necesarios para vivir. Este hecho es importante porque marca una división tajante entre el mundo de los dioses, que habitan en el cielo, y el de los pecadores, que moran en la Tierra. Pero, al mismo tiempo, Shu estaba en contacto con la lejana divinidad y la terrestre humanidad y el mismo dios nos dice en los Textos de los Sarcófagos: *Yo soy el que transmite la palabra de aquel que se creó a sí mismo hasta los hombres.* Desde entonces la realeza egipcia recibe el don de ser la interlocutora con la divinidad.

Este mito demuestra tres ideas que quiso aprovechar Amenofis IV por medio de los tocados de los colosos. Una es que era el sucesor directo de los dioses, por eso alterna las altas plumas del dios-rey Shu con las coronas de la realeza egipcia. La segunda, que el faraón era, por derecho de su herencia divina, el único intermediario entre el dios y la humanidad, prerrogativa tradicional algo mermada en esos momentos por la aparición de la *piedad personal*, que establecía un contacto directo entre el pueblo y Amón (ver *Importancia del clero de Amón*. Capítulo I). La tercera era que el rey, como el aire, era imprescindible para que la humanidad viviera, concepto también tradicional en la monarquía faraónica (ver *Un solo rey gobernaba la Tierra*. Capítulo VII). El dios creaba a los seres y concedía mercedes, pero transmitía tanto la vida como los bienes al faraón para que éste los repartiera entre la humanidad. Por esto Tutmosis I lleva entre sus nombres de coronación el de *dador de vida a los corazones* y en Luxor leemos hablando de Amenofis III: *Cuando él aparece el pueblo vive.* El ejemplo más claro de que los egipcios consideraban que recibían todos los dones a través del faraón es que culpaban al rey si el Nilo no crecía o si una tormenta destrozaba sus casas.

En esta compleja idea se introduce también Nefertiti. Si Tefnut era el elemento femenino del demiurgo, Nefertiti representaría el elemento femenino del *Ka* divino del rey. Nefertiti adopta el tocado de Tefnut cuando el faraón porta las plumas de Shu, de hecho la típica corona de Nefertiti, que no llevó ninguna otra reina de Egipto, se asemeja al casco de Tefnut. No es que la pareja real se identificase con los dos dioses, sino que toma sus atributos como símbolos conocidos por el pueblo para indicar que son los partícipes terrenales de la recreación diaria, los apéndices humanos de la divinidad por quienes viven los hombres. Vemos que Nefertiti toma parte activa en ese don sagrado y misterioso de la monarquía egipcia y parece indicarnos que ella también es heredera de la magia divina y figura tan imprescindible como el rey para mantener el orden establecido convirtiéndose, como las grandes diosas, en madre de la humanidad.

Otra novedad de los colosos de Karnak es el faldellín del rey. Las esculturas pertenecen a la estatuaria tradicional egipcia, llamada osiriacos, en la que el faraón se representaba como el dios Osiris resucitado. Iba amortajado y tenía dos símbolos de vida en las manos. Akenatón cambia el atuendo del dios para alejarse del mito de Osiris y demostrar que representa al propio faraón vivo; por esto, viste el faldellín con el que le vemos actuar en sus escenas cotidianas y lleva en las manos los símbolos reales. De nuevo comprobamos que el rey se apoyó en figuras tradicionales, acoplándolas a su doctrina con el fin de pregonar su propio mensaje. Las gentes que las vieran entenderían su fácil lectura y poco a poco comprenderían por qué el rey no deseaba convertirse en Osiris.

Entre estas estatuas de las discordias hay todavía un caso muy discutido. Se trata de un coloso que aparece desnudo y asexuado. Las opiniones son diversas y variadas; unos egiptólogos (Vandersleyen, Reeves, Freed) piensan que representaba simplemente a Nefertiti; algunos van más lejos en esta afirmación (Eaton Krauss y Harris) y distinguen algunos atributos propios de la reina, como un ombligo mas alto que en las estatuas del rey. Redford opina que podría vestirse con algún elemento separado, cosa extraña en un solo coloso, y Samson dice que es un coloso sin terminar cuyo faldellín se esculpiría después, auque entonces no se hubiera cincelado la hendidura que separa las dos piernas. Quizá la explicación más intelectual es la dada por Yoyotte en 1966, quien piensa que el rey está representado con los atributos del dios creador poseedor en sí mismo de los dos sexos masculino y femenino, como *padre y madre de la humanidad*. Esto no concuerda con la representación de Nefertiti como Tefnut, que significa el elemento femenino creativo, complementario al masculino del faraón; además no existe ninguna representación del demiurgo como un ser asexuado en toda la historia faraónica. Aunque todas las ideas son válidas, el coloso hermafrodita sigue siendo un enigma más. Como en tantas otras ocasiones en este periodo, nos encontramos sin una inscripción o al menos una conexión de esta estatua con algo que nos pudiera explicar la intencionalidad de su extraña iconografía. Las obras de este magnífico conjunto de templos al borde del recinto de Amón en Karnak se debieron de parar alrededor del año quinto, cuando el rey decide trasladar su corte a Amarna. Sin embargo, la decoración debió de seguir su proceso ya que se han encontrado algunos bloques con la cartela portando el nombre de Akenatón en lugar de Amenofis, y fue en el año quinto cuando el monarca cambió su nomenclatura. Además, en alguna rara ocasión vemos a Nefertiti seguida de tres niñas y esta imagen debería haberse grabado entre los años seis y ocho (ver cuadro en *Las hijas de Nefertiti*. Capítulo VI).

El abandono de Tebas

El año quinto, el rey cambió el nombre de Amenofis por el de Akenatón y decidió abandonar Tebas, ciudad moderna, con templos espectaculares y todas las comodidades del momento, para irse a vivir a un trozo del desierto. ¿Cuál sería la causa de esta inesperada decisión real? ¿Por qué el faraón abandonó una de las ciudades más avanzadas de aquel entonces? Vamos a analizar los posibles motivos, aunque, con los hallazgos encontrados hasta el momento, nunca podremos saber las verdaderas razones que empujaron al rey a tomar tan arriesgada decisión.

Un motivo puede ser el dotar a Atón con un lugar propio, donde hubiera surgido la famosa colina primigenia y donde el dios se hubiera manifestado por primera vez, creándose a sí mismo e iniciando la creación universal. Todos los demás dioses, a quienes sus respectivos cleros habían dotado de facultades creativas, tenían una tierra suya, su propio lugar de nacimiento, un paraje tangible donde poder reposar para crear el bello universo: Ra eligió Heliópolis; Tot, Hermópolis; Ptah, Menfis; y Amón, Tebas. Quizá al dios de Akenatón le faltaba este apoyo material, un trozo de Egipto en el que manifestarse y donde todo lo existente tuviera su origen. De ser cierta esta

66

causa, nos demostraría que Akenatón se mantuvo dentro de los estrictos parámetros de una tradición milenaria, no siendo capaz de soltar del todo a su dios de las amarras locales. Si era un dios único y universal no necesitaba un pequeño sitio material donde aparecer y residir: el Sol surgía para la tierra entera, como muy bien lo expresa el himno a Atón, luego, todo el universo era su propia residencia. Vamos a ver en qué se basa esta primera hipótesis.

Nada más elegir el sitio el rey mandó circundar el lugar con quince estelas de demarcación y en ellas dice que Atón *emprende el viaje hacia el Horizonte del Sol, Su primer lugar, el que él creó para sí mismo.* El nombre dado por el rey a ese terreno que ofrecía al dios fue *el Horizonte del Sol,* y aunque nosotros consideremos a Amarna una ciudad, aunque el rey trasladó allí su corte y poco a poco se fue llenando de gente, el Horizonte del Sol nunca aparece en los textos de la época con el determinativo de ciudad usado en los jeroglíficos egipcios. Amarna era, por tanto, la finca de Atón, donde todo le pertenecía porque el rey se lo ofrecía: *Respecto a lo que está encerrado dentro de las estelas, desde la montaña este hasta la montaña oeste es, en su totalidad, el Horizonte del Sol y pertenece a mi padre Atón, comprendiendo las colinas, tierras llanas, marjales, tierras nuevas, tierras pantanosas, tierras a las que llega la inundación, campos, aguas, ciudades, riberas, gentes, rebaños, arbolados, y todo aquello que mi padre Atón ha creado y a lo que ha dado vida para siempre.*

Un segundo motivo pudo ser la peste que asolaba Egipto y Oriente Próximo desde el reinado anterior. Tenemos varios testimonios de este terrible mal en la correspondencia de Amarna; veamos unos ejemplos: Burnaburiash de Babilonia habla de la muerte de una esposa de Amenofis III en una plaga (EA 11); el rey de Alasiya retiene al embajador egipcio tres años a causa de una peste que mató a su joven esposa (EA 35); el príncipe de Biblos tiene miedo de traer a su ciudad unos burros de Shumur por miedo al contagio de la peste (EA 96); y la ciudad de Megiddo se consume por la peste (EA 244). En otro contexto, también puede ser significativo que Amenofis III mandara esculpir más de setecientas estatuas de la diosa leona Sekmet, dos para cada día del año, las cuales se distribuyeron por todo el país, desde Alejandría hasta Assuán. Hoy se encuentran esparcidas por casi todos los museos que poseen un departamento de antigüedades egipcias. Esta diosa, encolerizada, producía males sin cuento, entre ellos la peste, y el rey debía pacificarla para que su poder destructivo se tornara beneficioso para Egipto. ¿Podría verse en esta monumental serie de Sekmet un intento desesperado de Amenofis III para apaciguar la furia de la diosa que diezmaba el país con la peste? ¿Pudiera ser esta peste la causante del traslado definitivo de Amenofis III a Malkata y posteriormente de Akenatón a Amarna? ¿Llegaría a Amarna provocando la desaparición de Nefertiti y de sus hijas pequeñas y quién sabe si la del propio Akenatón? Las piedras, testigos de lo sucedido, no acceden a contestar a estas preguntas, pero nos revelan algo curiosísimo: parece ser que Akenatón, adorador de su único dios, Atón, se apropió de alguna Sekmet de su padre *por si acaso* podía ella parar el mal que se extendía, es decir, llegar allí donde el rey no alcanzaba. La mitología o la superstición, como queramos llamarlo, inculcadas en el alma egipcia durante siglos, no podían ser borradas en dos días.

Puede que también existiera algún motivo político. El rey no debía de encontrarse cómodo entre la nobleza envalentonada del reinado anterior, a la que había humillado, y entre tantos cleros que veían desaparecer sus prerrogativas y las donaciones reales a sus templos en favor del culto al dios único. Parece ser que, en un principio, el clero de Atón se formó con sacerdotes de Amón; una prueba es el grafito de Parannefer, funcionario que trabajó en Nubia durante los reinados de Amenofis III y principio de Amenofis IV y desempeñó los siguientes cargos sacerdotales: *Escriba del templo, Sacerdote Lector de Horus, señor de Miam; Segundo Sacerdote de Amón y Servidor de Atón*. En la corta inscripción vemos la carrera sacerdotal de Parannefer, desde escriba del templo asciende a sacerdote lector del dios local, a segundo sacerdote del poderoso Amón y, por último, se pasa al clero de Atón. Pero, quizá estos traspasos sólo se dieran en los mandos intermedios y en los templos provinciales, quedando el orgulloso alto clero de Amón relegado por el establecimiento de un nuevo y prepotente dios nacional. Es decir, el rey podía tener opositores importantes entre los dos grupos de poder mejor establecidos, la nobleza y el clero, y quizá sea lo que nos deja entrever en unas oscuras frases, escritas en las estelas de demarcación, que dicen: ... *es peor que aquello que oí en el año 4, peor de lo que oí en el año 3, peor de lo que oí en el año 2, peor de lo que oí en el año 1, peor de lo oído por el rey Amenofis III, peor de lo oído por el rey [...] (quizá Tutmosis IV), peor de lo oído por el rey Tutmosis III, peor de lo oído por cualquier rey que haya ostentado la corona blanca.* Lástima que la oscuridad del texto no nos revele a quién iban referidas las quejas de Akenatón. Lo cierto es que el hecho narrado era suficientemente importante como para ser grabado en los textos de la fundación de la nueva residencia, se había repetido con los reyes Tutmosis III, puede que Tutmosis IV y con Amenofis III y era un tema ampliamente conocido por los asistentes, que no necesitaba explicación. ¿Quiénes fueron los causantes de este significativo desplante hacia la corona? Desconocemos a esos arrogantes que habían provocado la indignación de varios reyes. El caso es que Akenatón se muestra conocedor de un grupo de opositores en todos los niveles sociales, porque los textos siguen con unas frases de amenaza que, aunque están muy machacadas, indican que no se iban a tolerar injerencias en sus teorías religiosas: *Si oigo un mensaje en la boca de un oficial..., en la boca de un nubio, en la boca de cualquiera... contra mi padre... que sean ofensivas... no dejaré...* Aquí nos deja con el suspense sobre qué haría el faraón si alguien se le enfrentaba directamente.

Tebas, la gloriosa Tebas, que vio entrar a los ejércitos victoriosos y conquistadores del Imperio Egipcio, la que presenciaba el desfile de los pueblos sometidos portando sus tributos al Señor de las Dos Tierras, la que integraba en sus campos, sus templos o sus instituciones a cientos de extranjeros donados a Egipto, la que celebraba con gran pompa las procesiones religiosas, la que albergaba en las entrañas de sus montañas occidentales las moradas eternas de los faraones de esta dinastía, la que todos conocían con el nombre de la *ciudad* porque ninguna otra la podía igualar, era abandonada por su señor, que partía hacia un horizonte desconocido donde reinaría el Sol.

IV.   LA CIUDAD DE NEFERTITI.
EL HORIZONTE DEL SOL

Fundación de Amarna

Las barcazas reales bajaban por el Nilo con destino desconocido. El timón del barco del rey portaba esculpida la cabeza del soberano; el de la reina, la de Nefertiti con la corona de la doble pluma, propia de las grandes esposas reales. Los pueblos ribereños y los campesinos de las orillas del Nilo se arrodillarían ante el faraón y contemplarían embelesados el desfile regio y su escolta. Una descripción de un viaje por el Nilo de Tutmosis IV, abuelo de Akenatón, puede darnos una idea de la grandiosidad de estas salidas reales: *Sus velas eran de lino brillante rojo y verde, los carros y caballos en filas escoltándole... El rey navegó hacia el sur como Orión, iluminando el Alto Egipto con su belleza. Los hombres lo aclamaban por amor a él y las mujeres estaban agitadas por la noticia...* Tutmosis IV iba camino de Nubia a luchar contra unas tribus rebeldes y le acompañaba el ejército. Akenatón buscaba un lugar alejado de las presiones ideológicas incrustadas en Tebas para poner en marcha su sueño; iría escoltado por soldados y acompañado de *los Compañeros del Rey, los Grandes de Palacio, los Supervisores de la Guardia, el Supervisor de los Trabajos, los Oficiales y toda la corte.*

Llegaron a un lugar donde la cordillera arábiga se acerca al Nilo y parece que las montañas dibujan en el desierto el signo jeroglífico del horizonte. Puede que el rey tomara este fenómeno como un aviso de su padre Atón: *Fue mi padre Atón quien me aconsejó este lugar para que hiciera para él el Horizonte del Sol.* El caso es que el rey desembarcó emocionado donde después se alzó el Pequeño Templo de Atón y quiso dejar constancia de la exaltación del momento en los

71

textos de las estelas de demarcación. La descripción comienza de manera muy sugerente: *Su Majestad apareció en su gran carro de electro como Atón cuando se eleva en su horizonte y llena la tierra con su amor.* Reúne a todos sus acompañantes y hace una gran ofrenda a Atón. Entonces les participa la elección del terreno que no había sido nunca ocupado por nadie, ni pertenecía *a ningún dios o diosa, a ningún jefe hombre o mujer, a ninguna gente de negocios. Era una tierra virgen...* Así el faraón justifica que su fundación no perjudica a nadie, ni tan siquiera a otros dioses, a quienes parece admitir implícitamente y tener cierto respeto hacia ellos, ya que elige una tierra que no les pertenecía. Jura solemnemente: *Construiré el Horizonte del Sol para mi padre Atón en este lugar. No lo haré más al sur o al norte, al este o al oeste. No traspasaré las estelas...* Y en este momento cumbre del episodio, cuando el rey jura llevar a cabo la construcción de Amarna en un páramo y decide encerrarse con su corte entre las estelas circundantes de un trozo de desierto, aparece Nefertiti. Parece que el rey quiere hacerla partícipe de la fundación y a la vez informar a la gente de que la reina opinaba y aconsejaba sobre las decisiones regias: *Si la Gran Esposa Real me dice: «Mira hay un bello lugar para el Horizonte del Sol en otro sitio», no la escucharé.* Es decir, el rey no acepta nuevas ideas sobre el emplazamiento de su ciudad ni tan siquiera de su Gran Esposa Real, luego tácitamente está admitiendo que normalmente era su consejera. En otro momento de la narración el rey iguala la perennidad de su memoria como constructor del Horizonte del Sol, con la de la reina: *He hecho el Horizonte del Sol como una finca para mi padre Atón y para que perdure como perteneciente a mi nombre o al nombre de la Gran Esposa Real Neferneferuatón Nefertiti.* El rey recalca que *tanto monta, monta tanto*; es igual que recuerden la fundación como realizada por Akenatón o por Nefertiti.

Después habla de los grandes edificios que va a construir, tanto templos como palacios, lo que significa una previa planificación en la mente del rey de la ciudad de sus sueños. Incluye su tumba y las de toda la familia real, para confirmar la intención de perpetuidad del lugar elegido. Poco a poco la narración va creando un clímax de admiración hacia Atón y de entusiasmo hacia la nueva residencia hasta que los asistentes emocionados, henchidos de júbilo, exclamaron alabanzas al dios Sol y dicen al rey, exactamente lo que el rey quería oír: *Que tú puedas gobernar el Horizonte del Sol, que puedas conducir hacia Él (Atón) todos los países, gravar con impuestos para Él a las ciudades y las islas.* Es decir, las riquezas de Egipto se centralizarían en el Horizonte del Sol. Para reforzar el deseo de convertir el nuevo proyecto en la capital del país, Akenatón dejó repetido en las quince estelas que bordean la ciudad su juramento de no abandonar Amarna y su deseo de vivir y morir en ella. Indudablemente la ciudad habitada por el rey y la familia real era la más privilegiada en todos sentidos, pero muy particularmente en el económico. Amarna quedaba consagrada como el centro vital del Imperio faraónico.

Todo esto sucedió el año quinto. Podemos imaginar el júbilo del rey y sus seguidores volviendo a Tebas, contrastando con el desencanto de aquellos que no estaban de acuerdo con este traslado y del pueblo tebano, que perdería los privilegios de vivir en la ciudad real. Puede que este malestar acelerara la construcción de Amarna. El trabajo debió de comenzar nada más llegar a Tebas y tuvo que ser febril y efectivo. Se realizarían los planos, se adjudicarían los lotes de tierra, se comenzarían los cimientos y las construcciones. El año sexto la familia real visita las obras y como todavía no existía ningún palacio, se instalaron en una gran tienda. El año octavo vuelven y deciden que la ciudad ya estaba lo suficientemente habitable como para comenzar el traslado. Esto significaba que la primera fase de construcción de los templos estaba realizada, los palacios habitables, una parte de la ciudad central y los departamentos administrativos casi terminados y construidas las casas de los nobles y funcionarios principales que formarían el Gobierno en Amarna. Planificar y levantar todos estos edificios en el espacio de tres años supone una obra gigantesca, una organización perfecta, una sincronización de tiempos en la excavación y transporte de las piedras y en la fabricación y obtención de otros materiales y una mano de obra extensa, experta y rápida. Pero los egipcios estaban acostumbrados a realizar estas proezas.

Características urbanísticas

Al llegar a Amarna encontramos la primera novedad: las estelas de demarcación. Es la única vez en la historia faraónica que se emplean estelas para delimitar una gran finca y una residencia real. La segunda es que a pesar de ser un asentamiento artificial que se configuró por el *antojo* de un soberano, no muestra una planificación total, solamente los edificios oficiales, que el rey programó en las estelas, hacen pensar en una organización inicial.

M. Mallinson ha realizado un interesante estudio que publicó en *Amarna Reports VI* en 1995 y perfeccionó en el catálogo de una exposición celebrada en Boston y Leiden en los años 1999-2000, llamada *Pharahos of the Sun*. Cree que el emplazamiento de los grandes monumentos se llevó a cabo de acuerdo con distintos horizontes topográficos de una tierra que, según el rey nos dice, había sido elegida por el propio Atón, es decir, de una tierra sagrada. En efecto, el terreno presenta dos ejes naturales bien definidos, de norte a sur el Nilo y de este a oeste un uadi, que pasa muy cerca del Pequeño Templo, atraviesa la cordillera arábiga y lleva a la Tumba Real. Akenatón parece haber colocado sus estelas de demarcación en lugares estratégicos, que podrían unirse por unos rayos hipotéticos con su tumba. Tampoco los edificios principales están situados de manera espontánea, sino que obedecen a unas mediciones concretas. Por ejemplo, el Pequeño Templo se encuentra a igual distancia del Palacio Norte que de Kom el Nana. Un eje imaginario uniría las tumbas de los nobles del norte y del sur y puede que el Palacio de la Ribera Norte tuviera su edificio paralelo en el Sur que sería el Maru Atón. Para llegar a esta conclusión Mallison ha usado mapas en los que las estelas y los edificios están señalados de acuerdo con fotografías aéreas. El resultado no es perfecto; en algunos casos hay una desviación de 50 m, pero debemos dar un margen de tolerancia a los antiguos egipcios en sus mediciones, ya que no tenían a su alcance los medios de los que disponemos en la actualidad. En todo caso, la situación de estas construcciones no parece ser una coincidencia ajena a la premeditación.

Si bien los edificios oficiales parecen programados, las viviendas privadas, de las que hablaremos más adelante, no tuvieron planificación ninguna y los planos muestran un gran desorden estructural. Hay una excepción, la *Aldea de los Obreros (Anexo 3a, 6)* que es una pequeña ciudad totalmente planificada: una cuadrícula orientada hacia los cuatro puntos cardinales, con calles perfectamente trazadas. Era un tipo de poblado parecido al de Deir el Medina en Tebas, construido para los obreros que trabajarían en las tumbas. Constaba de setenta y una casas del mismo tamaño, alrededor de 50 m², y una mayor, de unos 125 m², probablemente para el funcionario encargado de la pequeña ciudad. Hay una curiosidad observada desde el principio de las excavaciones y es que la llamada Calle Oeste es un añadido posterior donde habitaban personas que, por los restos encontrados, debían de ser militares o policías. Se piensa que esta calle se construyó en el reinado de Tutankamón, cuando la ciudad se abandonó, pero nadie sabía si provisional o definitivamente. Las tumbas deberían ser vigiladas para evitar robos y lo mismo ocurriría con las casas cerradas que la gente no habría vaciado por la posibilidad de retornar a ellas. En este caso la necesidad de aumentar el número de policías y soldados estaría justificado. La actividad de la aldea después de la muerte de Akenatón se comprueba también por la construcción fuera de las murallas de una serie de capillas en las laderas de las montañas, que servirían de centros de reunión familiar, de piedad particular y de culto a los difuntos. En estas capillas se menciona a los dioses tradicionales de Egipto, incluido Amón-Ra, mientras que Atón no aparece en ningún caso. Estas evidencias desmienten la idea propagada de que los habitantes de Amarna salieron huyendo en cuanto murió Akenatón. La ciudad siguió habitada durante varios años y, como veremos más adelante, los inmediatos sucesores del rey levantaron monumentos, como el llamado Salón de Smenhkara en el Palacio Ceremonial, o reformaron los anteriores, como la entrada del Pequeño Templo de Atón. También el *Suburbio Norte*, barrio muy populoso y aglomerado, nos ha dejado rastros de su vitalidad aun después de la muerte de Akenatón.

Observando los barrios de Amarna comprobamos que las calles no se idearon como caminos de acceso a los distintos lugares, sino más bien como separación de grupos de viviendas; por ello existe poca uniformidad en el trazado urbano y algunas veces aparecen pequeñas callejas sin salida. Existen, sin embargo, dos grandes vías de comunicación ideadas por motivos diferentes. Las casas de los nobles estaban muy dispersas y las distancias eran muy grandes, por lo que los urbanistas de aquel entonces ya idearon una carretera de circunvalación que corría por el desierto, alejada del tráfico de la ciudad central, comunicando directamente los dos barrios residenciales del norte y del sur y acercando a todos los ciudadanos rápidamente a la residencia real. Pero el rasgo más asombroso de Amarna es la llamada Calzada Real, que salía de la residencia de los reyes, atravesaba el suburbio norte, llegaba al Gran Templo de Atón y seguía hasta el Palacio Ceremonial, donde se pierde su rastro. Esta vía medía 40 m, un ancho poco habitual para la época, que no se corresponde con la posible circulación de carros en Amarna. La intención podía ser tener en medio de la ciudad una gran vía procesional.

Los egipcios eran muy dados a las procesiones religiosas. En Tebas la barca de Amón salía con frecuencia y era un verdadero acontecimiento al que acudía la familia real (ver *Primeros años de Amenofis III. Mutemuia*. Capítulo I). Akenatón privó a sus súbditos de estas procesiones, pero les compensó con otro desfile espectacular: el rey y la reina conduciendo sus propios carros, rodeados por los soldados de su escolta, de distintas razas, cada cual con sus propios distintivos, dirigiéndose desde su residencia al Gran Templo de Atón o al Palacio Ceremonial. En estos desplazamientos por la Calzada Real es la única vez que podemos ver a una reina de Egipto conduciendo su propio carro. Les seguirían las princesas, con toda la parafernalia de portaabanicos, sirvientes y damas. Y seguramente los nobles irían detrás acompañando a su señor. Debía de ser un gran espectáculo que agradaría mucho al pueblo.

El rey fue muy previsor a la hora de pensar en alimentar a su pueblo, pues, aunque construyó los edificios en el desierto, en la orilla oeste las estelas de demarcación incluían 162 km² de tierra cultivable, regada por el Nilo y por su afluyente el Bar Yusuf. Se supone que este terreno podría alimentar a unas 45.000 personas, cifra aproximada al cálculo realizado sobre la posible población de Amarna. Vemos que casi con el terreno propio se podría alimentar a toda la ciudad. Pero además los ricos de Amarna, que vinieron de otras ciudades, poseerían allí tierras y les mandarían las cosechas. A su vez Atón tendría rentas en otros lugares del país que revertirían en Amarna. Esta superabundancia de comida queda también probada en el plano de la Ciudad Central del *Anexo 3b*, pues apreciamos varios centros oficiales relacionados con la preparación y almacenamiento de alimentos: los almacenes y las panaderías de los dos templos (A,h y Fd), los graneros de la Casa del Rey (Cc), los de palacio (Bd) y el lugar donde se preparaban las raciones para los soldados (G).

También pensó el rey en acercar el agua a sus súbditos y Amarna es la única ciudad faraónica que trató de abastecerse por medio de pozos, a pesar de estar construida al borde del río. Akenatón debió de tener esa idea, que fue seguida con entusiasmo por el pueblo. Pero es curioso que en la aldea de los trabajadores, una de las zonas habitadas más alejadas del Nilo, no se haya encontrado ningún pozo. Existían dos zonas de abastecimiento y en ellas había grandes tinajas semienterradas con agua que suplirían las necesidades de la aldea. Excavando una de estas zonas en el año 1986, se encontró gran cantidad de restos de unas vasijas denominadas ánforas cananeas, en las que se importaba el vino de Canaán, producto de lujo, muy costoso, propio de los banquetes reales. Los arqueólogos se extrañaron de su presencia precisamente en la aldea de los obreros. Así que se pusieron a seguir las trazas de estas vasijas y les llevaron a un gran pozo que se halla detrás de un edificio de la ciudad central. Aquí se guardarían las raciones de trigo, aceite y otros productos con que pagaban a los obreros y se les abastecería de agua. El agua sería llevada a lomos de burros, por lo que los cántaros se romperían con frecuencia y nos han dejado este reguero para satisfacer nuestra curiosidad sobre la época. Porque lo sorprendente de esta anécdota es la reutilización de las ánforas importadas, una vez consumido el vino en palacio, que suponía un ahorro administrativo, lejano a la mentalidad egipcia. Iremos viendo más ejemplos que parecen indicar que la mente humana adelantó mucho en Amarna.

Los templos

Después de asombrarnos por las novedades urbanísticas de esta fascinante ciudad, disfrutaremos de sus edificios si somos capaces de imaginar su belleza. Tendremos que intentar verlos como eran, aunque sólo andemos sobre sus cimientos en el plano del *Anexo 3b,* y ponerles la decoración y el colorido gracias a los pobres restos que nos han llegado. Vamos a comenzar la visita por las casas del dios, los templos.

La principal característica de los templos de Amarna es su gran extensión de espacios abiertos. El *Gran Templo de Atón* (A) comprendía un espacio amurallado de 760 x 270 metros. Se entraba por dos grandes pilonos con cinco pares de mástiles y sus estandartes. Al contrario de lo que sucede en los templos tebanos, que empiezan con un patio abierto para luego ir cerrando sus salas hasta llegar al misterioso santuario, en el Gran Templo de Atón de Amarna se entra por una sala hipóstila cubierta, llamada la *Casa de Regocijo* (Aa), y de allí se pasa al llamado *Gempaatón* (Ab), que es una serie de 6 patios abiertos, que van ascendiendo de nivel, llenos de mesas de ofrendas de piedra. Entre el Gempaatón y el Santuario hay un gran espacio vacío cuya utilidad desconocemos, quizá tuviera como función principal albergar a una gran muchedumbre en fiestas y ceremonias, o quizá Akenatón nunca llegó a terminar de construir las dependencias que pensaba. Quedan restos de un recinto para sacrificar animales (Ac) y de un pedestal para la famosa piedra Benben (Ad), al lado de la cual se hallaría una estatua sedente del rey. En el norte vemos un pequeño pabellón (Ae) que serviría de entrada privada para la familia real y a la vez de lugar de purificaciones. *El Santuario* (Af) primero fue de ladrillo, dada la prisa que tenía el rey por venir a la ciudad, y posteriormente se destruyó y se edificó otro de piedra.

Fuera del edificio, hacia el sur, se encuentra un bosque de mesas de ofrendas en ladrillo (Ag), que han dado mucho que hablar. Vamos a ver las explicaciones de algunos grandes egiptólogos. Badawy, en 1962, sugirió que estas mesas representan un orden simbólico de las estaciones egipcias, la continuidad marcada por el eterno recorrido del Sol, y por esto debería haber 365 mesas a cada lado del Gempaatón, representando los días del año, durante el día y durante la noche; pero las últimas excavaciones han desbaratado su teoría porque en el lado norte no hay rastros de mesas y en el lado sur su número aumentó a 920. Frankfort, que estuvo excavando en Amarna desde 1926 hasta 1935, pensó que representan todas las ciudades del Imperio. Assmann, en un artículo de la revista *Journal of the Near Eastern Studies*, en 1972, propuso una idea muy bonita: las mesas son la unificación dentro de un mismo cuerpo (el templo) de *el uno y los muchos,* es decir, del Ser Superior y los múltiples dioses del panteón egipcio. Por último, Barry Kemp en *A Survey of the Ancient City of El-Amarna,* en

78

1993, más pragmático, relaciona estas mesas y los grandes espacios abiertos con una posible apertura de los templos al pueblo. La gente humilde ofrecería sus oblaciones de pan en estas mesas de barro, y por eso están justo enfrente de la gran panadería del templo (Ah), mientras que los nobles ofrecerían productos más valiosos como carne, perfume, aceites en las mesas de piedra del Gempaatón, y el Santuario se reservaría para las ofrendas reales. La producción de ofrendas a gran escala, que vemos representada en todas las escenas templarias de Amarna, estaría seguida de la distribución de parte de ella a la población de la ciudad, con lo que sus habitantes se beneficiarían del culto a Atón.

El *Pequeño Templo de Atón* (F) se construyó en un sitio neurálgico de la ciudad siendo el centro del eje este-oeste que termina por el este, en la tumba real. Por esto se cree que podría ser el templo funerario del rey. Consta de tres espacios abiertos consecutivos, es decir, las mismas divisiones funcionales del Gran Templo, pero aquí se pueden apreciar las separaciones por medio de grandes pilonos. Una curiosidad atípica es que los tres pilonos tenían mástiles y estandartes, cuando normalmente sólo se colocaban en el primer pilono. En la entrada había un gran altar (Fa) que posiblemente se viera desde fuera; se cree que se alzó en el lugar donde el rey hizo el primer sacrificio a Atón cuando descubrió Amarna. El primer patio quizá fuera público y tendría mesas de ofrendas de ladrillos. En un segundo patio intermedio se encontraba la casa del sacerdote y un pequeño edificio con una Ventana de Apariciones (Fb). Al fondo se halla el Santuario (Fc) rodeado de edificios auxiliares.

Algo muy fascinante de esta ciudad es que nunca fue estática; durante toda su corta existencia no se dejó de construir y reconstruir. La actividad tuvo que ser desbordante. Mallison ha realizado un estudio de las distintas fases de construcción del Pequeño Templo de Atón, que se publicó en *Amarna reports V,* 1989, y dice que, en un principio, existiría el gran altar, como hemos dicho, al que se fueron sumando pequeños altares alrededor de él y un santuario de ladrillos al fondo. Todo ello se rodeó de una muralla que se extendía hasta el borde del río y en la cual había torreones a intervalos regulares. En una segunda fase el terreno del templo se partió para abrir la Calzada Real, quedando al este de la misma el templo propiamente dicho y al oeste un viñedo de su propiedad. En esta fase se construyeron los tres pilonos de ladrillo y se rehizo el Santuario en piedra. La tercera fase ya se realizó reinando el sucesor de Akenatón, de acuerdo con los sellos de los ladrillos hallados. En ese momento se edificó una gran puerta central, proyectada hacia la calzada real, que formaba un patio anterior al primer pilono y se cerraba con dos batientes de madera de 2,10 m; de acuerdo con las huellas dejadas por los pernios y los pivotes, constituía una de las novedades arquitectónicas de Amarna. En ese patio se alzó una plataforma de piedra con cuatro columnas sosteniendo la techumbre. Puede que la intención de estas construcciones fuera frenar la visibilidad interior, deseada por Akenatón; la gran mesa de ofrendas ya no se veía desde fuera del templo.

Se está trabajando en el Pequeño Templo desde 1987. Los restos de la muralla se tapan con ladrillos nuevos, hechos de la misma manera que los antiguos, pero más consistentes, para que no se deterioren los originales por las inclemencias del tiempo. Con los pequeños restos encontrados se han llegado a reconstruir dos columnas del Santuario y en el año 1998 se delimitaron los cimientos con ladrillos pintados en blanco, de forma que los visitantes puedan apreciar mejor cómo era el templo. La idea de los arqueólogos es preservar al máximo las estructuras primitivas, pensando que las generaciones futuras tendrán mayor tecnología para averiguar el pasado.

Abandonamos el centro de Amarna para trasladarnos a la parte sur, llamada actualmente Kom el Nana, señalado en el plano del *Anexo 3a* con el número 9. En ese lugar sucedió algo interesante en 1987, tanto que suscita nuestra curiosidad por saber cuántas sorpresas quedan todavía enterradas bajo las arenas del desierto. Resulta que los indígenas de la zona quisieron ampliar las tierras de cultivo, para lo cual debían tener la autorización del Servicio de Antigüedades Egipcias. Ante el temor de que algo importante quedara sepultado para siempre, Barry Kemp trasladó allí a todo su equipo y el resultado fue el hallazgo de uno de los mayores templos de Amarna. Las excavaciones no han tenido una gran continuidad por el problema del integrismo islámico y todavía no se ha publicado un trabajo completo, sólo han aparecido algunos artículos en revistas especializadas. El recinto constaba de una serie de edificios, talleres y panaderías, cuya excavación presenta un inconveniente añadido y es que allí se edificó un monasterio copto utilizando las paredes y otros materiales del tiempo de Akenatón. La importancia de este descubrimiento radica en que el rey, en los textos grabados en las estelas de demarcación, habla de construir tres grandes templos: el Gran Templo, el Pequeño Templo y una capilla o sombra de Atón en honor de la Gran Esposa Real Nefertiti. Este último todavía no había salido a la luz, por lo que Barry Kemp sugiere que podría ser el templo situado en Kom el Nana. Con el tiempo, quizá podremos tener una visión más clara de cuál fue la intención de esta gran construcción.

Los palacios

En el plano del *Anexo 3a*, vemos que en el extremo norte había un palacio (1) que se considera la residencia privada de la familia real. Es un lugar claustrofóbico porque las montañas de la cordillera arábiga, de hasta 125 metros de altura, parecen querer bañarse en el Nilo. El palacio está muy mal excavado porque se hunde bajo las tierras de cultivo. Sólo conocemos una entrada monumental, flanqueada por estatuas de la familia real y una alta muralla almenada que le daba aspecto de fortaleza; allí comenzaba la Calzada Real. Entre los restos encontrados hay muchas jarras de vino con la cartela de Nefertiti y esto hizo pensar a algunos historiadores que aquí se retiró la soberana cuando desapareció de la vida pública. Pero ésta es una de tantas hipótesis formuladas sobre el final de esta reina. Más adelante veremos otras teorías más actuales y sugerentes.

De la magnitud de los palacios reales nos hablan mejor las excavaciones del Palacio Ceremonial, que sería el lugar de las recepciones reales y presentación de embajadores. También en este caso las tierras de cultivo cubren gran parte del edificio, privando a los arqueólogos de completar su plano. Está situado en la Ciudad Central y marcado con la letra B en el plano del *Anexo 3b*.

Todo el palacio estaba rodeado de una alta muralla, la cual varió su itinerario de acuerdo con las sucesivas construcciones, dejando en algunos sitios un camino de ronda que seguramente vigilarían los soldados o policías. Es sorprendente que al bordear la totalidad de esta muralla no encontremos ninguna gran entrada al palacio. El límite norte del complejo está todavía sin decidir, pero se piensa que llegó hasta unos estudios de escultura situados frente al Gran Templo de Atón. Los primeros excavadores denominaron a esta zona norte el Ueben-Aten y pensaron que se trataba de un edificio religioso. Sin embargo, Pendlebury, en *The city of Akhenaton III*, 1951, describe así este espacio: *Consiste esencialmente en dos imponentes construcciones con pilares que flanquean un portal que llevaba al patio norte, hoy completamente perdido bajo los cultivos.* La descripción de Pendlebury concuerda con la entrada monumental que requiere un palacio de esta categoría y hoy en día ésta es la teoría más aceptada.

El gran palacio tuvo también varias fases de construcción. La primera (Ba) constituye en sí misma un verdadero palacio, edificado en ladrillo, junto a la Calzada Real. Constaría de un patio ajardinado central, con unos corredores cuyos techos están soportados por columnas y a los que se abre una fila de pequeños compartimentos. En un principio se denominó el *Harén real*. Sin embargo, parecen habitaciones demasiado pequeñas para albergar a esas damas. Además, en el fondo de cada celda había una repisa sostenida por columnas de ladrillo y las paredes entre los compartimentos estaban pintadas con jarras de vino, por lo que ahora se piensa que eran lugares sombríos donde guardar los refrescos, vinos o comida para consumo inmediato en el patio central.

En los salones de esta zona, seguramente en una sala del trono, Petrie encontró un maravilloso pavimento, que representa un gran estanque de nenúfares, rodeado de marjales por los que salen unos toros que espantan a patos y aves acuáticas. Tiene una cenefa con vasijas y ramos y otra con prisioneros nubios y asiáticos. Petrie consideró importante conservarlo en su lugar de origen, por lo que erigió un edificio para protegerlo. Pero 10 años después, los celos de los guardianes de la aldea Hagg Qandil, a causa de las propinas que ganaban los de la aldea El Tell, terminaron en una batalla campal con el destrozo del pavimento. El Servicio de Antigüedades juntó los restos y los transportó al Museo de El Cairo, donde hoy se exhiben en la sala central.

En los mismos apartamentos Petrie encontró también un friso único que debía de pertenecer a los comedores. Se extendía encima de un zócalo, pintado en rojo, azul y blanco, y continuaba de una pared a otra rodeando la habitación. Representaba a los criados

82

Cabeza inacabada de Nefertiti encontrada en 1932 cerca del palacio ceremonial. Museo de El Cairo.

haciendo las faenas domésticas: refrescando el suelo, barriendo, todos muy atareados corriendo por las paredes; algunos portan copas, otros llevan comida, no faltan quienes charlan animadamente. Por desgracia el fresco estaba en pésimas condiciones y no hubo manera de salvarlo. Sólo quedan pequeños restos de colores en el Museo de Petrie de Londres y los dibujos hechos por él mismo, de los que publicó algunos en su obra *Tell el Amarna*.

La segunda fase de construcción del Palacio Ceremonial se inicia en el año octavo aproximadamente y los edificios son ya de piedra. El eje del palacio sería un patio enorme (Bb), rodeado de estatuas colosales del faraón y de Nefertiti. Todas ellas fueron machacadas con verdadera saña en la antigüedad, hasta dejarlas reducidas a trozos no superiores a 50 cm. De los miles de pequeños fragmentos recolectados se deduce que los colosos del lado este estaban sentados, mientras los de la parte sur estaban de pie y que las piedras empleadas fueron granito y cuarcita para el rey y solamente cuarcita para la reina. Parece que la idea primitiva fue construir un gran vestíbulo alrededor de este patio con una columnata de 200 m de largo. Este ambicioso plan nunca llegó a terminarse, quizá por ser demasiado caro, por lo que el rey tuvo que conformarse con una patio abierto rodeado de colosos y un portico central, en lado sur, con inmensas columnas de tipo palmera con cristales de colores incrustados, que daría acceso a los salones de estado.

La zona de recepción tiene la peculiaridad de que el terreno no es plano sino que desciende hacia el río en una suave ondulación (Bc). Para solventar este problema se rellenaron con escombro las partes más bajas, pero, a pesar de ello, las desigualdades del terreno hicieron que las distintas estancias estuvieran a niveles diferentes, por lo que los arquitectos decidieron unirlas por medio de rampas con balaustradas de alabastro decoradas con relieves. El conjunto debía de ser una colosal estructura de piedra con patios columnados, salas del trono, cámaras de audiencia, jardines interiores, estructuras similares a kioscos, todo ello profusamente decorado con estelas, representaciones del rey y la reina, escenas de la naturaleza y una gran variedad de columnas; unas de las más originales y hermosas del palacio están cubiertas de viñas que suben por sus fustes, tallados de forma irregular para ser más parecidos a las verdaderas plantas. Algunos zócalos se adornaban con ramos de juncos del Alto Egipto y ramos de papiros del Bajo Egipto, encima de los cuales desfilaban los pueblos sometidos. El techo estaba decorado con bandadas de patos salvajes volando.

La tercera fase constructiva se edificó después de la muerte de Akenatón y se denomina el Salón de Smenhkara, porque se cree que allí se coronó el nuevo soberano (Bf). Su emplazamiento sería el antiguo viñedo del Pequeño Templo de Atón, que en este momento quedaría incorporado al Palacio Ceremonial. La estructura consta de 544 pilastras cuadradas de ladrillo. Las paredes estaban revestidas de azulejos, con el fondo verde y detalles en negro, púrpura y amarillo, sobre los cuales se incrustaban margaritas; cubrirían la parte baja de la pared formando un zócalo alrededor de todo el salón. Encima de ellos había otros azulejos que representaban pájaros y flores; formarían una cornisa de vivos colores sobre los ladrillos de margaritas. De tener techo, estaría pintado con un enrejado de viñas de las que colgarían uvas azules de cerámica vidriada, todo ello sobre un fondo amarillo.

Decimos *de tener techo*, porque han surgido varias opiniones al respecto. Cuando Pendlebury excavó el edificio dijo que se trataba de una sala columnada cerrada, construida encima de un huerto de árboles, porque encontró muchas raíces. Esto ha dado motivo para formular otra teoría. Y es que todo el Salón fuera un viñedo, cuyas viñas subirían por las pilastras y tapizarían el techo con sus hojas dando sombra y dejando pasar el aire. Piensan que una sala de estas dimensiones cerrada con un techo plano, como los de Amarna, acumularía un calor insoportable. En el año 1990 se excavó un pilar y no se encontraron restos de suelo, cuando los edificios reales de Amarna se solaban con ladrillos, así que sigue abierta la posibilidad de que fuera un jardín sombrío.

Los arquitectos de Amarna idearon una manera práctica para que el rey se trasladara de su Palacio ceremonial a su oficina, llamada la *Casa del Rey* (*Anexo 3b, e*). Construyeron un puente cerrado, encima de la gran Calzada Real. En la parte inferior tenía tres aberturas, las de los lados para peatones y la central para los carros; en la superior había una habitación con balcones decorados. Es posible que estos balcones fueran una de las famosas Ventanas de las Apariciones, elemento arquitectónico que posiblemente existiera con anterioridad, pero que se popularizó en Amarna. En la ciudad debía de haber varias de estas estructuras, en diferentes edificios significativos, como la Casa del Rey, el Palacio Ceremonial, el Palacio Norte, el Pequeño Templo de Atón. Esta idea se ve confirmada en las pinturas de las tumbas donde se muestra a cada difunto recibiendo los premios desde ventanas con decoraciones diferentes.

Cruzamos por el puente y nos vamos a visitar la Casa del Rey, señalada con la letra C en el plano de *Anexo 3b*. Detrás de ella hay un grupo de oficinas, entre las cuales cabe destacar la Casa de la Correspondencia del Faraón (D), donde trabajarían los escribas, algunos conocedores del idioma diplomático de entonces, el acadio, pues allí se hallaron las famosas cartas de Amarna. Otra de estas edificaciones era la llamada Casa de la Vida (E), lugar donde se copiaban textos religiosos, médicos, astrológicos y se enseñaban idiomas extranjeros a los egipcios y el egipcio a escribas extranjeros. Entre las tablillas encontradas en esa zona hay diccionarios en ambos sentidos que comprueban esta clase de aprendizaje.

La Casa del Rey se encuentra en un montículo de arena compacto siendo la parte más alta de la ciudad; constaba de tres elementos: un palacete (Ca), un patio con una avenida ceremonial poblada de árboles (Cb) y una extensa agrupación de depósitos y almacenes (Cc). Lo más original de este edificio eran los frescos, que adornaban hasta las paredes exteriores. Los restos encontrados en un estudio realizado por Weatherhead, publicado en la revista *Journal of Egyptian Archeology* de 1995, son muy pequeños, pero debían de pertenecer a un gran dibujo visible desde lejos. Vamos a describir algunas decoraciones para tratar de imaginar la espectacularidad del recinto.

El palacio tenía dos salones columnados, adornados con zócalos decorados con rayas azules y verdes encerrando una raya central roja, alternando con las plantas heráldicas de Egipto, lilas azules con un pétalo central rojo y papiros verdes con detalles rojos, sobre fondo amarillo. Es posible que encima de estos zócalos se pintaran grandes escenas, dando grandiosidad al conjunto. A continuación se encontraba la sala del trono, el cual estaba situado encima de una tarima de alrededor de 70 cm de alto, con un friso que representaba a enemigos de Egipto maniatados, pintados sobre un fondo amarillo brillante, con trajes blancos y los adornos en rojo y verde. Puede que una procesión de extranjeros continuara la decoración de las paredes de esta habitación, en la que, por el techo, volaban pájaros sobre un fondo amarillo. En el grupo de habitaciones del lado sur hay dos curiosidades. Una es que la mayor podía ser una sala de pintura de algún miembro de la familia real, pues se hallaron en ella dos pinceles de fibra de palmera, espinas de pescado, que servían de plumas para el dibujo y que todavía conservaban el color, y lotes de pinturas que no se habían utilizado. Es fascinante que el suelo conservase todavía manchones de colores de cuando se limpiaban los pinceles en él. La segunda curiosidad es que hay seis pequeñas habitaciones iguales y Pendlebury pensó que se trataba de los dormitorios de las seis princesitas. Es sugestiva la idea, aunque no cuadra muy bien con la utilidad del recinto, pero puede que, dada la unión familiar demostrada, Akenatón se trasladase a veces con las seis niñas a la ciudad central y cada cual tuviera su habitación para jugar, estudiar o descansar. En esta zona privada de la familia real, los frescos demuestran su intimidad. El más famoso es el que se encuentra en el Museo Ashmolean de Oxord. En primer término vemos dos princesitas con las cabezas rapadas, desnuda pero muy alhajadas, sentadas sobre una tela de brillantes colores. Detrás adivinamos a Akenatón sentado hablando con tres niñas y a Nefertiti en el suelo recostada entre almohadones. La delicadeza de la escena y su espectacular colorido nos sirve para hacernos una idea de cómo serían las demás pinturas.

Para acabar con este edificio vamos a narrar otra sorpresa que nos guardaba el grupo de almacenes (Cc). Eran grandes habitaciones con divisiones de ladrillo formando cubos, donde se guardaba grano, cuya superficie es de unos 2.000 m², siendo el mayor granero de Amarna. Curiosamente encerraba un tesoro ancestral, una espléndida jarra de alabastro, que podría contener unos doce litros y que lleva la cartela de la reina Hatshepsut.

Dos edificios singulares

Vamos a visitar dos edificios muy particulares, ya que nada parecido se ha excavado en otras ciudades de Egipto. Ambos son palacios con algunas peculiaridades afines: no poseen cocinas ni hornos,

87

albergan edificios dedicados al culto y son un canto a la naturaleza por la originalidad de sus jardines y estanques. A uno le llamamos el Palacio Norte y a otro el Maru Atón.

El Palacio Norte está situado al lado este de la Calzada Real y está señalizado en el mapa del *Anexo 3a* con el número 2. Es un recinto amurallado de 112 x 142 m, que se excavó a principios del siglo XX, pero del que no se ha publicado nada completo; en estos momentos se está trabajando para lograrlo, bajo el patrocinio de una sociedad americana llamada *Amarna Research Foundation*. La idea es preservar los restos de las murallas y paredes existentes, así como las basas de las columnas antiguas, reemplazando, a veces, las desaparecidas y excavando en algunos lugares concretos para completar el plano del edificio.

Se trata del palacio real más completo y comprensible de todos los de Amarna, cuyo plano podemos seguir en el *Anexo 4a*. Es un edificio simétrico, con huecos similares en ambos lados y patios centrales. La entrada miraba al río y consistía en dos pilonos estrechos de barro (a) que daban a un gran patio (b) al que se abrían otros dos que eran recintos sagrados de culto a Atón (c). Sigue una muralla con una estructura central (d) que se ha excavado recientemente, encontrándose las basas de algunas columnas. Esto hace suponer la existencia de una Ventana de Apariciones, lujosamente adornada, según los fragmentos diminutos de pintura y de hojas de oro retirados. Flanqueando esta entrada había dos estatuas cuyos pedestales han dejado huellas visibles en el suelo.

Pasamos a un segundo patio (e) con pavimento de barro prensado y embellecido con árboles. Su característica principal es una gran depresión (f) que hasta ahora se ha considerado un estanque, cuya profundidad llegaba al nivel de agua subterránea, sirviendo así de pozo para el suministro del recinto. En las excavaciones actuales se duda de su naturaleza, apuntándose que podría ser un jardín hundido con un pozo profundo, pero todavía no se ha determinado su utilidad. A la derecha vemos un recinto (g) con varias habitaciones que siguen el plano de las casas de Amarna y debieron servir como residencia para los oficiales y administradores de palacio. El lado opuesto albergaba un zoo (h), originalidad única en los palacios del momento. Tenía las cuadras con las pilastras para atar a los animales durante la noche y los comederos, algunos de piedra, decorados con toros, ibices, gacelas. En el centro hay dos espacios abiertos en los que estarían los animales durante el día y en un rincón, una pequeña habitación para el guardián del zoo.

Un pasillo, con entradas al norte y al sur, separa estos dos grandes patios del resto del palacio, compuesto por tres grupos de habitaciones. El central albergaba los aposentos reales (i). Se accedía por una puerta monumental de piedra que daba a un gran vestíbulo hipóstilo, el cual a su vez llevaba a otro rectangular. Al fondo de ambos se hallaba el salón del trono, con el estrado para el sillón pegado contra la pared, desde donde se dominaba todo el palacio, incluidos el patio y el lago; es decir, los asistentes a alguna ceremonia verían al rey velado y misterioso a través de las sucesivas columnatas. A los dos lados de la sala del trono estaban los comedores, con armarios en las paredes para el vino y la vajilla. Muchos restos de jarras encontrados en este lugar tienen sellos que dicen *Vino de la casa de Atón y Buen vino de la casa de Atón.* El techo se adornaba con una cornisa de racimos de uvas de cerámica vidriada azul, trozos de la cual estaban todavía esparcidos en grandes cantidades por el suelo de esta parte. El resto de las estancias eran las habitaciones privadas de los monarcas: dormitorios, vestidores y cuartos de baño.

En el ángulo sudeste nos encontramos con un recinto (j) compuesto por un gran vestíbulo y un pequeño patio al que se abren cuatro habitaciones a cada lado, unas mas largas que otras. Puede que este conjunto albergara a los oficiales de servicio cuando la pareja real residiera en el edificio.

En el ángulo nordeste volvemos a encontrarnos con otra novedad única en los palacios reales conocidos (k). Constaba de veinte pequeñas habitaciones alrededor de un patio columnado, en cuyo centro se hallaba un jardín interior rodeado de un canalillo de agua. Una de estas habitaciones es llamada Cámara Verde pues la decoración del friso, que cubría sus tres paredes, representaba pájaros volando en la espesura de papiros. Parece que en otras habitaciones habría pinturas similares. Los dibujos estaban cortados a veces por unos nichos, por lo que algunos egiptólogos creen que el conjunto podía ser una gran pajarera abierta, donde los nichos propiciarían anidar a los pájaros. Todos los frescos estaban en muy malas condiciones cuando se encontraron en 1926, tanto que no podían soportar un traslado, ni tan siquiera la construcción de un edificio que los protegiera. Por esto se llamó al famoso matrimonio inglés Norman y Nina de Garis Davies, que estaban trabajando en Tebas, para que realizaran unos facsímiles antes de que desaparecieran para siempre. Así lo hicieron y hoy se encuentran en el Museo Metropolitano de Nueva York.

Estos frescos son una obra maestra de la pintura secular, tan rara en el arte egipcio, puesto que siempre está teñido por connotaciones religiosas o funerarias. Aquí no cabe duda de que aparece el arte por el arte, no intentan trasmitirnos ningún mensaje, están libres de toda simbología, dejan que el espectador goce solamente de sus formas y sus colores.

Entre las ruinas del Palacio Norte la cartela más repetida es la de la princesa Merytatón, hija mayor de Nefertiti. Por esto se supone que podría haber sido su residencia cuando desposó a Smenhkara, sucesor directo de Akenatón. El problema radica en la falta de cocinas y habitaciones de servicio, pero, a 200 m hacia el norte, existen unas estructuras muy destruidas que podrían contener estos servicios, además de almacenes y talleres. En todo caso, Merytatón estuvo allí con frecuencia.

Para terminar vamos a tratar de imaginar los sugestivos colores de este maravilloso recinto. Todas las paredes, incluidas las del zoo, estaban decoradas con un zócalo alto negro que pasaba a azul en las partes centrales del palacio y a amarillo en los lugares más oscuros. Encima unas bandas alternantes, rojas y azules separadas por otra blanca; terminaba con un friso de cañas anudadas. Las bandas seguían en vertical cuando llegaban a los rincones y bordeaban el techo, por lo que cada pared quedaba como un panel enmarcado, el cual invariablemente era amarillo. En él se dibujan escenas, pájaros, flores y grandes tinajas, dependiendo de la cámara. En todas las habitaciones el techo estaba decorado con un enrejado del que colgaban hojas y uvas.

Para ver otro edificio fascinante nos desplazamos al extremo sur, ya que el Maru Atón es el más meridional de la ciudad, marcado en el plano del *Anexo 3a* con el número 10. También fue excavado a principios del siglo XX y desgraciadamente no se puede volver a reexcavar porque la vegetación cubre todo el espacio, un jardín moderno bordea la línea de casas y el tráfico rodado aplasta el resto del edificio. Nos tenemos que conformar con las excavaciones primeras y con el plano del *Anexo 4b* realizado en aquella época. Tiene dos grupos de recintos amurallados, uno al lado de otro. El del sur estaba ocupado por unos edificios que parecen ser ceremoniales, cuya finalidad no está muy definida, y un pequeño estanque que podría ser un gran pozo para el abastecimiento de agua de todo el conjunto, pues, como vemos en el plano, la principal característica del recinto norte es un gran lago (a) de más de 100 X 50 m, que sólo tenía un metro de profundidad y necesitaría un aporte continuo de agua dada la gran evaporación causada por el calor. Además, todos los jardines estarían sembrados de árboles y flores, necesitando riegos continuos.

Siguiendo la fachada de la carretera hallamos una serie de casas (b) que podrían pertenecer a los servidores del recinto. Pero como se han hallado muchos esqueletos de perros, posiblemente también habría un criadero de lebreles reales.

Volviendo al gran estanque, lo más sorprendente es un caminito de piedra (c) que comienza en los edificios de la entrada, cruza el jardín y se adentra doce metros en el agua, terminando en una habitación (d) adornada con frescos y columnas. La sensación, al llegar a este kiosco, sería la de estar embarcado.

En el lado norte se encuentra el edificio mejor conservado del Maru Atón, que debían de ser las habitaciones reales (e). En este complejo no se han encontrado baños ni cocinas, por lo que se duda sobre su habitabilidad, quizá fuera solamente un recinto de recreo y alabanza al Sol. Tiene varios patios y salas columnadas y como hemos visto en el Palacio Norte, lo interesante es la combinación de los colores que lo decoraban. Veamos una muestra. En la pequeña sala del trono, la tarima para el sillón estaba pintada en rojo y los laterales en blanco y azul; bordeándola había una balaustrada pintada en el interior de blanco, por fuera blanca y azul con una línea roja, y en los frentes con líneas horizontales verde, roja y azul. Las paredes también tienen esas rayas y los marcos de las puertas son blancos con líneas azules. En los patios las paredes eran blancas con una línea amarilla y dibujos de uvas y granadas. Es impresionante imaginar esta cantidad de colores bajo la potente luz de Egipto. Los almacenes (f) nos deparaban otra sorpresa y es que dos de ellos quedaron llenos con

91

jarras de carne y ánforas de vino cuando se abandonó la ciudad. Parece que estaban preparados para un banquete y allí seguían esperando a ser consumidos miles de años después.

Los edificios del fondo del estanque son únicos en la arquitectura faraónica. Se levantó una isla artificial (g), rodeada por un canal de tres metros y medio, lo que implica la existencia de algún puentecillo de acceso. En ella se construyeron tres edificios cuya utilidad es misteriosa. Estaban decorados con molduras de toro de piedra caliza que representaba un manojo de cañas en el que crecían flores de loto. Nunca se ha excavado nada similar.

Al lado de la isla hay otro edificio (h) rodeado de un pequeño bosque de árboles. Consta de un habitación con el suelo de alabastro y un patio con columnas fascinantes: los capiteles eran de palmera verde y los fustes, imitando cañas de lotos, se decoraban con relieves de la adoración a Atón; otras veces, los capiteles eran flores de loto con hojas en alabastro e incrustaciones de pasta azul, o se adornaban con patos y en los fustes, en medio de las cañas, de vez en cuando surgía el capullo de una flor. El friso también era original, con cobras reales en rojo y amarillo cuyas cabezas eran de granito negro y ojos en carmesí.

En el ángulo nordeste se halla otro edificio único, el llamado Patio de Aguas, precedido de hileras de árboles bien alineados (i). Contiene una serie de piscinas en forma de T alternando de posición, y entre ellas hay unas pilastras que sostendrían el techo. El suelo de las piscinas estaba decorado con plantas acuáticas, lotos y nenúfares de colores brillantes que parecían emerger verdaderamente del agua. Fuera de los estanques, el pavimento también estaba decorado con juncos, marjales y toda clase de plantas salvajes en medio de las cuales destacan bandadas de patos.

Los elementos principales de este maravilloso conjunto eran el agua y las flores, es decir, la naturaleza, forzada a surgir con todo su esplendor en medio de un desierto de arena. Los jardines se surcaban con anchas zanjas para regar las flores; los árboles se plantaban haciendo un pozo y rellenándolo con la fértil tierra del Nilo, rodeándolo después con un muro de ladrillo de unos 60 cm, como si fuese un jarrón, para proteger la plantita y mantener el agua durante más tiempo. Sin embargo, los materiales empleados en la edificación fueron pobres y de mala calidad; para darles ese aspecto lujoso y sofisticado tan estimado por los habitantes de esta ciudad, la decoración se completaba con incrustaciones de piedras y cristales de colores, así como cerámica vidriada. La imaginación egipcia desarrolló nuevas expresiones artísticas y debieron de lograr un efecto sorprendente, acompañado de su habitual buen gusto.

Así debió de ser Amarna, un oasis artificial plantado con el sudor de unos hombres que siguieron a su faraón en la loca aventura de construir un gran templo natural, con palacios y casas, capillas y tumbas, donde vivir y morir. Un pequeño paraíso para todos aquellos que decidieron postrarse en las arenas del desierto adorando al Sol.

V. LOS SÚBDITOS DE NEFERTITI

Llegada y asentamiento de los habitantes de Amarna

Vamos a introducirnos entre los habitantes de Amarna para averiguar quiénes eran, cómo fueron llegando, en qué casas vivían, qué aspiraciones tenían y qué trabajos emprendieron para conseguirlas. Lo primero, trataremos de comprender ese desorden que advertimos en los barrios de viviendas privadas. Deducimos que los particulares gozaron de una libertad absoluta para elegir el terreno, el emplazamiento, la distancia entre vecindarios y la alineación y orientación de las casas. El individuo pudo elegir libremente su vivienda, sin limitación de barrios exclusivos, pues comprobamos que al lado de grandes casas con jardines, huertas y pozos, hay otras casuchas pequeñas, sin ninguna alineación. Es decir, no existían barrios de ricos y de pobres, sino que todas las clases sociales estaban mezcladas. También se han hallado estudios de escultores en distintas zonas, alejados unos de otros, lo que demuestra la ausencia de agrupaciones gremiales; artistas, artesanos o soldados podían vivir en casas contiguas si así placía a sus dueños.

Barry Kemp nos da una razón para esta mezcla de ciudadanos. Piensa que los asentamientos se fueron haciendo por grupos de personas conectadas entre sí. Por ejemplo, un señor importante de una ciudad decide ir a vivir a Amarna. Y se traslada con toda su familia, en el amplio sentido de la familia egipcia, padres, hijos, hermanos, sobrinos. A la vez se movería con él un grupo de pequeños artesanos y trabajadores, que vivían a expensas de la gran casa y, quizá, éstos llevaran también consigo a sus parientes y amigos. Al llegar a Amarna querían vivir todos juntos y para ello abrían una calle paralela al río que les separaba de asentamientos anteriores. Las casas importantes

95

darían a esta calle y las casitas pobres se arracimarían a su alrededor. En el barrio sur se comprueba esta unión deseada entre los habitantes pues hay algunas viviendas que dan a un patio común. Podrían ser de un grupo de personas del mismo pueblo o con el mismo oficio que querían probar fortuna en la rica capital y, para no encontrarse aislados entre gente desconocida, formaban su pequeño grupo de casas unidas por un patio de entrada. Todo ello demuestra la libertad individual de la que gozaron los habitantes de Amarna y poco a poco iremos verificando que esa libertad fue una de las características de la ciudad y sus moradores.

Amarna fue una sociedad abierta a todos los pueblos, a todas las razas y a todas las clases sociales que quisieron establecerse en ella. En el barrio norte, encontró Pendlebury una magnífica mansión perteneciente a un comerciante micénico (T 36.36), que quizá atraído por la sociedad consumista de Amarna, no encontró trabas para instalarse en la nueva capital. Su casa estaba llena de vasos y cerámica egeos y otros recuerdos de su tierra, como una cantimplora de tipo griego. El jardín no tenía las típicas hileras egipcias de árboles, sino que, tratando de revivir el país natal de su dueño, se llenó de matorrales bajos, propios de las islas griegas. Otros extranjeros de distintas clases sociales se fueron asimilando a la sociedad amárnica, como un sirio que se representó fumando la pipa de agua de acuerdo con la costumbre de su país. En estos momentos abundaban los matrimonios mixtos y parece que esta pequeña estela del sirio refleja uno de esos casos, ya que la mujer representada tiene rasgos y características egipcias. Los hijos habidos serían considerados totalmente egipcios.

Por otra parte, en la ciudad se recibía regularmente a los embajadores de todos los países del mundo conocido, Mitanni, Hatti, Babilonia y, con frecuencia, vemos en las representaciones de las tumbas a dignatarios extranjeros asistiendo a las ceremonias reales. Incluso los nubios y kushitas formaron parte de la sociedad de Amarna, ocupando puestos cercanos al faraón como soldados de su escolta personal o portaabanicos reales. También la cultura asiática estaba presente como lo prueban las tablillas encontradas con diccionarios acadios (EA 368, 348, 350, 379, 351-64, 375), relatos mitológicos de Mesopotamia (EA 340, 356-59, 375) y cuentos hurritas (EA

341). Culturas distintas y razas diferentes se dieron la mano libremente en el Horizonte del Sol. Una representación muy significativa se encuentra en el lugar más sagrado para los egipcios, la tumba real. En la sala alfa hay una pared decorada en la que observamos al ejército y sus portaestandartes en los registros 1 y 2; el pueblo egipcio, con diferentes faldellines representando, quizá, distintas clases sociales en los registros 3 y 4; y los países extranjeros en los registros 5, 6 y 7; todos adoran a Atón, seguramente colocados en sitios determinados del templo. Es una expresión integradora de toda la humanidad ante un mismo dios y, por supuesto, no existe ninguna escena similar en el Valle de los Reyes. Puede que nos hallemos ante un sueño del faraón, la unidad universal ante el dios egipcio Atón; al no conseguirlo en este mundo, expresó su deseo para la vida del más allá.

La corte de Amarna

Vamos a intentar saber cómo se formaron el Gobierno y la administración en la nueva residencia real. Algunos culpan a Akenatón de la elección de una corte de inexpertos sin lazos familiares con los anteriores funcionarios, dando el sentido de advenedizo a las frases que los nobles grabaron en sus tumbas; una de las más significativas es la de Maya, que dice: *Yo era un hombre de origen humilde tanto por parte de padre como de madre, fue el rey quien me educó y me promocionó.* Sin embargo, ésta es una frase convencional, que se ha repetido en todos los tiempos, y las tumbas de Amarna no hacen sino seguir la moda de exagerar el tono descriptivo. Las evidencias prueban que Akenatón practicó una política continuista en los cargos oficiales confirmando en sus puestos a los dos visires del reinado anterior, Ramose en el sur y Apar-el en el norte. Apy, último administrador de Amenofis III en Menfis, continuó en su oficio a principios del reinado de Akenatón y en el año quinto envió una carta dando cuenta al rey de las pródigas ofrendas donadas a todos los dioses de la zona; ello vuelve a indicar que en los primeros años Akenatón toleró a todos los dioses. También el hijo de Apar-el fue comandante de Carros y escriba de Reclutas en tiempos de Akenatón. Otro caso lo encontramos en Ay, que, como hemos visto anteriormente, es uno de los posibles candidatos a padre de Nefertiti; seguramente fue hijo de Yuya, comandante de Carros con Amenofis III, y siguió desempeñando los mismos puestos que su padre durante el reinado de Akenatón. Es decir, Akenatón no despreció a los antiguos funcionarios, más bien podríamos aventurar que fueron ellos quienes abandonaron al rey.

La idea de trasladar la corte a aquel páramo no debía parecer sensata a nadie y posiblemente en este momento muchos altos cargos se opondrían al descabellado plan real. Seguir al monarca implicaba acatar las ideas atonianas dándose por vencidos en las discusiones mantenidas en el reinado anterior y con ello borrar una tradición mitológica ancestral, que, en principio, quedaría reducida a una superchería mágica practicada por el pueblo, para ir poco a poco desapareciendo del contexto intelectual egipcio. Suponía también abandonar sus casas y sus tumbas para vivir y morir en un inhóspito desierto. Sin embargo, la decisión real era firme y la nobleza se enfrentaba a la posibilidad de ganarse peligrosamente la enemistad regia. Negarse a partir conllevaba la pérdida de sus privilegiados puestos en el Gobierno y su propio desequilibrio económico ya que cambiarían de manos las riquezas del país, tanto las privadas como las de los templos. A pesar de ello, puede que en este momento una gran parte de la antigua nobleza, incluyendo el clero, rechazara frontalmente los proyectos del rey. Es revelador observar dos tumbas de Tebas. Parannefer (TT 188), que era mayordomo del rey y supervisor de los Sacerdotes de todos los Dioses, siguió al soberano y quizá por esta razón su figura y su nombre fueron terriblemente profanados cuando Akenatón fue declarado herético y enemigo de Egipto. Por el contrario, en la tumba del visir Ramose (TT 55) las imágenes de Akenatón y Nefertiti fueron cruelmente machacadas, mientras que la del difunto no sufrió ningún desperfecto, seguramente porque, aunque sirvió a Akenatón en Tebas, no lo hizo en la nueva ciudad. También puede ser significativo que Huy, hijo del visir Apar-el, muriera hacia el año diez de Akenatón y se enterrase en la misma tumba de su padre en Saqqara. Dados los importantes títulos que ostentó Huy a principios del reinado, debía de tener su propia tumba, a menos que no hubiera acatado las órdenes reales y en el año diez no tuviera medios para construirla.

Suponemos que la corte de Amarna se formaría con una poderosa camarilla, seguidores de la evolución del pensamiento desarrollado a lo largo de la dinastía que condujo a la teología atoniana, fuesen o no fuesen antiguos funcionarios, es decir, conocedores o ignorantes del cargo que iban a desempeñar.

Como hemos dicho, en esta dinastía el rey tenía libertad absoluta en la elección de los funcionarios y encontramos con frecuencia hombres nuevos; Hatshepsut depositó su confianza en Senenmut, de antecedentes oscuros; y el ya mencionado Amenofis hijo de Hapu nos cuenta que, cuando obtuvo cargos importantes, volvió a enterrar a su padre en una nueva tumba, demostrando la pobreza de la primitiva sepultura y, con ello, su humilde origen. Es decir, tampoco aquí Akenatón obró de manera desatinada ni diferenciada de la tradición dinástica.

El problema estribó en el método empleado para la selección de los puestos oficiales. Los reyes seleccionaban para su Gobierno a aquellos más afines con su persona y sus ideas, pero también exigían la cualificación adecuada para el cargo. Amenofis II era amigo desde la infancia de Qenamón, sin embargo, al elegirle como administrador del puerto de Peru-nefer, afirmó: *Reúne las cualidades requeridas*. Sin embargo, Akenatón nos sorprende en este sentido por dar prioridad a la práctica de sus enseñanzas sobre las dotes personales o la actuación de gobierno. Ay nos dice: *He alcanzado el palacio sólo por ser útil para el rey, porque he escuchado sus enseñanzas*. Cuando el rey nombró a Meryra I como primer servidor de Atón, dijo: *Lo hago por amor a ti, especialmente porque eres mi sirviente, el que escucha mis instrucciones*. Estos nombramientos nos hacen pensar que al soberano no le preocupaban las aptitudes del nuevo funcionario, no le daba sabios consejos para el buen ejercicio de su misión, como en la introducción del visir de las tumbas tebanas, ni le ponía al tanto de sus responsabilidades. Parece que el rey adjudicaba el cargo por amor o por escuchar sus instrucciones, peligroso método de selección.

Lo mismo ocurre con la evaluación en el momento de otorgar recompensas, acción tradicional de los reyes egipcios: Hatshepsut benefició a Ineni: *Me enriqueció con posesiones, me engrandeció,*

llenó mi casa de plata, oro y de toda clase de cosas preciosas;
Amenofis, mayordomo de Menfis anterior a Api, en su estatua del
Ashmolean dice que Amenofis III: *Me enriqueció con siervos, toros
y todas las cosas sin límite*. De nuevo lo chocante es el hecho de que
las condecoraciones y regalos se prodigaran en Amarna por los mismos motivos que los nombramientos: Meryra recibe recompensas por
*haber seguido las instrucciones del faraón y haber realizado todo
aquello que se ha dicho...* Y Pentu simplemente *a causa de amor al
faraón*. No parece que el rey tuviera como objetivo premiar el buen
trabajo de sus empleados.

Las casas de los ricos

Esta corte variopinta se estableció con todo lujo y suntuosidad en
la nueva ciudad. Las casas debieron de rivalizar no sólo en ostentación y belleza sino también por los múltiples departamentos y talleres que cobijaban. El *Anexo 5a* es un plano ideal, en el que podemos
apreciar todos los elementos encontrados en las distintas villas de los
nobles de Amarna.

Las casas importantes estaban rodeadas de una muralla de hasta
tres metros de altura con dos entradas. La principal tenía el acceso a
través de dos pilonos con columnas interiores que sujetaban las puertas; allí había una pequeña garita para el portero (1). Se entraba a un
paseo bordeado de árboles que conducía a una capilla situada en el
jardín (2) y a la gran casa (3). La entrada de servicio se abría a un
patio de descarga (4) con graneros (5). En el corredor que rodeaba la
casa había diferentes dependencias: garaje para el carro (6), cuarto
para guardar los arneses de los caballos (7) y cuadras para los caballos (8). Siguen las habitaciones del servicio más cercano a la familia
(9), pues los demás empleados vivían fuera de la muralla en las
pequeñas casitas que vimos cuando hablamos del método seguido
para los asentamientos. A continuación, la zona de la cocina (10), ins-
talada casi siempre en el exterior y al sur de la vivienda, porque el
viento en Egipto suele soplar desde el norte y esta situación alejaba
de la morada los humos y el polvo levantado al moler el grano; constaba esencialmente de una parte para la molienda, otra para amasar el

pan, horno, cocinilla, estanterías y almacenes de comida y lugar para hacer la cerveza, pastosa, muy alimenticia y de poca graduación alcohólica. Tanto las casas grandes como las pequeñas tenían algún taller propio (11), siendo los más característicos un telar para tejer lino, un taller de sandalias y otro de cerámica para uso casero. La mayoría de las familias criaban animales domésticos, por lo que necesitaban un establo (12) y un patio para estos animales (13). En las casas ricas había, además, una pequeña huerta con un pozo (14) y el jardín de recreo con cultivo de flores, piscina o estanque (15). Ésta sería la casa más completa de Amarna, ya que hemos incluido todos los elementos aparecidos en diferentes viviendas.

Para ver el interior vamos a visitar la mansión del visir Nakt (*Anexo 5b*), la más septentrional de todas, señalada con el número 7 en el plano del *Anexo 3a*. Dada la categoría social de su dueño sería una de las viviendas más lujosas de la ciudad.

Estaba construida sobre una plataforma a la que se accedía por unas escaleras exteriores con balaustrada. Sobre las jambas de la puerta principal, pintadas en amarillo, estaba inscrito en azul el nombre y los títulos de Nakt. Las casas de Amarna tenían una característica común, que veremos repetirse en los hogares de diferentes clases sociales. Consistía en una sala central (1) alrededor de la cual se desarrollaba toda la vivienda. Para obtener luz y ventilación se elevaba el techo de este aposento sobre el resto de la casa por medio de unos pilares y el alto desnivel se cubría con celosías de piedra. En esta habitación había un banco (a) de ladrillos pegado a la pared; era bajo pero bastante ancho, por lo que la gente se sentaría en él sobre algunos almohadones, con las piernas cruzadas, como hacen en la actualidad los pueblos árabes. En el centro de la sala, un brasero (b) calentaría la estancia en las frías noches del desierto. Otro elemento común a las casas grandes y medianas es una losa-lavatorio (c) con un canalillo y un receptáculo debajo para recibir el agua; serviría para refrescarse o lavar los pies y las manos a los invitados, rociándolos con una tinaja situada a su lado.

Éste era el salón principal y único en muchas viviendas, pero en el caso de Nakt vemos ampliada la zona de recreo: un vestíbulo sostenido por dos columnas (2) que da acceso a una antesala con una sola columna (3). La logia norte (4) para el verano, rectangular, sostenida

101

por ocho columnas de madera sobre bases de piedra; en todas las casas donde había esta logia se ha comprobado la existencia de habitaciones laterales para que nunca calentara sus paredes el sol. En casa de Nakt hay otra con seis columnas (5), que daba a poniente para poder tomar los últimos rayos de sol durante el invierno. Al fondo, un cuarto de estar (6) similar al salón principal y los comedores (7) con estanterías para la vajilla.

En el lado oeste se hallan las habitaciones para los hijos (8), con su cuarto de baño (9), y otro aposento independiente, con entrada directa desde el jardín, que sería para los huéspedes (10). Hacia el lado este encontramos las escaleras (11) que llevarían a la terraza y un pasillo que daba a unos almacenes (12). En el rincón sudeste se hallaban las habitaciones privadas (13) de los dueños de la casa con sus vestidores (14) y su cuarto de baño (15). Los cuartos de baño constaban generalmente de dos estancias, encaladas por higiene y rodeadas de un zócalo bajo de piedra para evitar las salpicaduras. En una de ellas había una losa elevada que servía de plato de ducha con un canalillo para acumular el agua en un recipiente de barro, porque en Amarna se desconocía el alcantarillado. Muchas veces esta cámara estaba dividida por una media pared y en uno de los lados había una gran tinaja de agua; puede que el sirviente se colocara allí y vertiera el agua sobre el amo, proporcionándole una ducha manual. La otra habitación consistía en un asiento de piedra con tapadera de madera, dentro del cual había un receptáculo de barro que se vaciaría a menudo; normalmente tenía al lado un cajón de obra con arena.

Las grandes casas se decoraban con brillantes colores y muchas veces en el suelo, de barro batido y apisonado, se pintaban frescos con cenefas geométricas y escenas de la naturaleza. En la casa de Nakt los colores preferidos fueron, como hemos visto, el amarillo y azul. Todas las puertas tenían los marcos amarillos y llevan los títulos de visir en azul fuerte, al igual que la inscripción, encerrada en un nicho de una pared, con el himno a Atón.

En estas suntuosas casas se acomodaron unos habitantes ricos y sofisticados que formaban la élite de una sociedad amante del lujo y el refinamiento. Los restos de vasijas y platos, bisutería y adornos, y, sobre todo, los pequeños objetos de tocador encontrados demuestran el buen gusto y la exquisitez a la que llegaron los artesanos y los receptores finales de sus productos.

Arquitectos y artistas

El pensamiento económico de los egipcios no valoraba el rendimiento productivo como nosotros lo entendemos. Por ejemplo, para satisfacer el aumento de demanda de panes en el Gran Templo de Atón, no se montó una gran panadería ni se amplió el tamaño de los hornos, sino que se multiplicaron las unidades de trabajo tipo estándar. Las excavaciones señalan más de 100 cámaras estrechas y paralelas cada una de ellas con un módulo de cocción del pan y hornos circulares de diseño doméstico (*Anexo 3b* Ah). Este sistema multiplicaba inútilmente el gasto de construcción, mantenimiento y personal. Por esto, nos sorprende enormemente cuando en el ámbito constructivo apreciamos un intento de racionalización del trabajo. Vamos a ver algunos ejemplos.

El siglo pasado se pensó que Amarna estaba muy mal construida a causa de las prisas del faraón por trasladarse a su nueva residencia y que ésa fue la causa de su total y pronta destrucción. Esto es debido a que los excavadores del principios del siglo pasado encontraron gran cantidad de escombros de yeso y pensaron que los edificios de piedra estaban rellenos de escayola y solamente revestidos con losas de piedra. Sin embargo, Kemp ha demostrado que todos los edificios de piedra de Amarna están construidos sobre una plataforma de bloques moldeados de yeso y piedras, de 1.50 x 0.60 x 0.35 cm aproximadamente, que formaban una base dura casi rocosa, sirviendo de sólidos cimientos del edificio. Es decir, que los escombros no provienen de una debilidad estructural, sino de una sabia innovación tecnológica ensayada por los arquitectos de Akenatón para afianzar los edificios en un terreno tan movedizo como es el desierto. Además, el método suponía un ahorro de tiempo y mano de obra, ya que esta plataforma evitaría una excavación mucho más profunda y la aportación de grandes bloques de piedra para asentar las pesadas construcciones.

La destrucción de la ciudad se debió a un sistemático desmantelamiento de todos sus edificios llevado a cabo por los faraones a partir de Horemheb, que aprovecharon las piedras de Amarna para sus propias construcciones. Por ejemplo, los preciosos relieves encontrados en Hermópolis servían de relleno a los pilonos de un templo de Ramsés II. Desde entonces Amarna ha sido un almacén abandonado al cual acudían los campesinos para recolectar ladrillos o cualquier cosa de utilidad para su vivienda. Las plataformas de escayola sufrieron muchos desperfectos con estos expolios, convirtiéndose en algunos casos en montones de escombros. Aun así nos han permitido reconstruir los planos de los principales edificios, ya que las franjas de los cimientos quedaban marcadas en el yeso.

La segunda novedad consistió en la utilización de losas pequeñas, los ya mencionados *talatat,* fáciles de cortar en las canteras, transportar, manejar y colocar. Este sistema nos muestra, de nuevo, una manera seria e inteligente de modernizar los métodos constructivos, tratando de obtener el mismo resultado que con las enormes piedras de la edificación tradicional, economizando el tiempo y los costes de todo el proceso lapidario.

El tercer intento fue la racionalización económica en el arte de los relieves. En Amarna se utilizó casi exclusivamente el relieve rehundido, más rápido, pero no menos bello; contrasta la luz y las sombras otorgando a las figuras más expresividad y movimiento, pues no están encerradas en líneas fijas, sino móviles de acuerdo con la luz que reciben. A la fuerza de sus líneas, unas más profundas que otras, se une la descomposición interior de la figura en diferentes planos, permitiendo un modelado tan perfecto como el alto relieve. Por ejemplo, en el relieve de una columna del palacio central no se mantienen dos alturas, fondo y figura, sino que los jeroglíficos se hallan en un nivel unitario, mientras que el cuerpo de la reina está por encima de ellos y más hundido que su brazo y hasta las mejillas y el borde de los ojos están moldeados. Volvemos a encontrarnos con una economía de tiempo y mano de obra, obteniendo resultados similares.

Aunque suponemos que estuvo lejos de la mentalidad de Akenatón el ahorro económico y que la motivación de estas novedades fue la prisa del rey por trasladarse a su nueva ciudad, creemos interesante destacar la agilidad de pensamiento que suponen estas rápidas soluciones al problema de construir rápido y en un desierto que se presentó a los constructores y artistas.

El elemento arquitectónico más común de Amarna es la columna. Hay una enorme variedad. Ya hemos mencionados algunas de las más originales que se encontraban en el Palacio Ceremonial (ver *Los palacios*. Capítulo IV) y en el Maru Atón. Hay una marcada preferencia por la columna de palmera, que aunque se conoce desde el reino Antiguo se utilizó muy poco en los periodos precedentes; la primicia aportada por Amarna es que de algún capitel cuelgan unos racimos de dátiles, idea copiada posteriormente en el templo de Filae. Las columnas generalmente se adornaban con incrustaciones de cristales de colores, pero la mayor novedad es que en Amarna aparecen por primera vez decoradas con escenas de la familia real; hasta ese momento los fustes eran manojos de papiros o de lotos y como mucho había inscripciones. En Amarna se aprovechan como espacio narrativo, novedad que culminará con la maravillosa sala hipóstila de Karnak.

El arquitrabe roto es otra característica de Amarna. Se inicia con el fin de que los rayos del sol puedan entrar a través de un templete o ventana de apariciones y alcanzar a la pareja real, pero se queda como una forma decorativa para otros edificios. Otra característica distintiva de Amarna son las balaustradas totalmente decoradas que bordean las rampas. El culto de Atón celebrado en patios abiertos expuestos al sol desarrolló su propio estilo constructivo para dar solemnidad a sus ceremonias. Las rampas ascendentes conducían a la familia real por templos y palacios a las sucesivas plataformas, proporcionando un escenario majestuoso. En el Maru Atón servían de pared a los quioscos como delicados parapetos de cuarcita. Todos los restos de decoración de estas balaustradas muestran la escena básica del rey, la reina y las princesas en procesión hacia el altar acariciados por los rayos del sol. Hay una excepción en el Museo Petrie (UC 68), decorada con la cabeza de un nubio y de un libio, por lo que se supone que habrá pertenecido a la subida de algún trono o Ventana de Apariciones.

Estamos comprobando que el ingenio ávido de novedades estuvo presente en el Horizonte del Sol. Esto nos da a entender que el rey supo rodearse de personas inteligentes, hábiles y trabajadoras que supieron transformar elementos tradicionales en novedades decorativas y que usaron su cabeza para planificar y coordinar minuciosamente todas las operaciones necesarias para lograr un buen fin. Desgraciadamente la mayoría de estos hombres han pasado a la historia como seres anónimos que nos sorprenden por sus obras. Sin embargo, una inscripción en un arnés de marfil para caballos encontrada en la casa P 47 dice: *Favorito del Buen Dios, jefe artesano y escultor, Tutmosis*, y en las piezas reunidas en un taller cercano aparece el nombre del escultor Ipu escrito con tinta. Debemos tener en cuenta que sólo en Amarna se han encontrado estudios de escultura, por lo que es interesante visitar el de Tutmosis y el de Ipu para comprobar cómo vivían los artistas y cómo trabajaban en sus talleres.

El taller de Tutmosis se encontraba dentro de un espacio amurallado, que sufrió varias ampliaciones sucesivas llegando a ocupar una superficie de unos 3.000 m² (*Anexo 5c*). El recinto principal incluía la posible casa de Tutmosis (A), del tipo medio de los nobles de Amarna, con un patio trasero en el que se aprecian grandes graneros (B) y cerca de ellos un establo para caballos (C), lo que indica el elevado nivel económico de su dueño. La sorpresa inesperada es que esta casa guardaba tesoros escondidos. En una pequeña habitación tapiada se encontraba el famoso busto de Nefertiti con otras 60 obras de arte. Puede que fuera una sala de exposición de esculturas donde, al abandonar el estudio, acumularon las piezas o modelos que no iban a utilizar en el futuro. Para nuestro regocijo, el escultor selló cuidadosamente esta habitación y el desierto, depositario de estas joyas, ha sabido conservarlas durante siglos en sus entrañas.

Entre las piezas encontradas podemos seguir la evolución del rostro de Nefertiti. Allí apareció la cabeza atribuida a la reina siendo muy joven. En ella Tutmosis hace un verdadero estudio de anatomía. El perfil de la cara está perfectamente dibujado; se marcan los huesos de las mejillas y el frontal; se moldean las cejas, el hundimiento del párpado y la separación entre el labio inferior y la barbilla; se esbozan una sonrisa y unas ligeras ojeras. Es una cabeza bellísima que rezuma la frescura de la juventud. Pasan los años y Nefertiti aparece con todo el esplendor de una belleza serena y madura en el busto de Berlín, del que ya hemos hablado (ver *Descubrimiento de Amarna*. Capítulo II). Pero el realismo emprendido no perdonó el paso de los años en la soberana. Tutmosis la retrata mayor, con la cara flácida, las mejillas pronunciadas, la comisura de los labios formando un rictus hacia abajo, los pechos algo caídos. A pesar de todo, el escultor estiliza la

106

Cabeza atribuida a Nefertiti joven mostrando la espiga donde se colocaría la corona de otro material. Proviene del estudio de Tutmosis. Museo de Berlín.

107

estatua para restarle crueldad y la reina sigue conservando en ella su belleza.

Al este de la casa principal hay otras dos viviendas (D) que podrían pertenecer a un hijo de Tutmosis y al encargado del taller. Detrás de un gran patio con pozo (E), hay una hilera de pequeños recintos (F), que podían alojar a obreros y a su capataz, aunque cabe la posibilidad de que fueran talleres de joyería, ya que se han encontrado allí sortijas y moldes para fabricar joyas de cerámica.

Aparte de estas viviendas de difícil identificación, el taller estaba formado por una serie de habitaciones pegadas a las murallas del este y el oeste que se abrían a los patios. Lo más interesante es que los restos de materiales hallados muestran una especialización de las áreas de trabajo, cada una de las cuales constaría de un estudio con almacenes adyacentes para los materiales y herramientas. En las habitaciones del oeste (G) se trabajaría la escayola y el alabastro; mientras que en las del este (H) se esculpiría la piedra.

A Tutmosis se le atribuye la idea de hacer estatuas compuestas, muy de moda en Amarna. Consistía en esculpir en diferentes materiales las partes del cuerpo, por ejemplo, cabeza, manos y pies serían de cuarcita, cuyo color se asemeja a la piel, mientras que el cuerpo se haría de caliza blanca, simulando el lino de la vestidura. En varias cabezas de Nefertiti se aprecia una espiga para sujetar la corona, mientras que en el cuello hay otra espiga similar que se introduciría en un agujero del cuerpo perdido. Y en esto también habría una especialización, pues mientras los hallazgos escultóricos de la casa de Tutmosis son cabezas o ensayos de rostros, en el estudio de Ipu sólo se han hallado restos de cuerpo y pequeños adornos. Esto hace suponer un trabajo de equipo en las esculturas compuestas: Tutmosis realizaría los retratos y encargaría a Ipu las partes más fáciles como manos, pies y las cobras reales de las coronas.

El estudio de Tutmosis es bastante más importante que el de Ipu, el cual se hallaba en un recinto amurallado junto con otros talleres sin conexión con la escultura (P 49). Parece, por tanto, que Tutmosis era un *empresario* libre y amo de su propio taller, mientras que Ipu estaría supeditado al dueño del recinto donde trabajaba, lo que indudablemente, repercutiría en sus pobres beneficios. El trabajo escultórico de Ipu dependería en gran manera de los encargos de Tutmosis, que quizá no fueran lo suficientemente lucrativos para su subsistencia y por esto dedicó una parte de su taller a fabricar vasos de piedra, más accesibles a los particulares de la zona. Las posibles viviendas de los dos escultores indican también sus distintas situaciones económicas. Tanto uno como otro taller atendían encargos reales, prueba de ello son las cabezas de Akenatón, Nefertiti y princesas halladas en la casa de Tutmosis y las trece cobras para coronas encontradas en el estudio de Ipu. Pero Tutmosis no se limitaría a realizar estatuas de la familia real y también atendería a la demanda privada, como lo prueban las maravillosas escayolas de los habitantes de Amarna encontradas en la zona oeste de su estudio. Todo ello demuestra una economía de mercado libre que favoreció más a Tutmosis por su habilidad en hacer retratos.

Artesanos

Egipto siempre mantuvo una economía centralizada, pero la sociedad rica y sofisticada de Amarna demandaba una amplitud de bienes y servicios no contemplados en la igualitaria oferta estatal. Nadie parecía dispuesto a limitar sus caprichos, todos, de acuerdo con sus posibilidades, mostraban el deseo de mantener una casa bien equipada, el gusto por la ostentación personal de vestidos y joyas, la necesidad familiar de acumular la *dote* de las hijas y el *precio de una esposa* para los hijos, y sobre todo la obsesión egipcia de procurarse toda serie de lujos para su goce eterno. En Amarna, las tumbas de los nobles quedaron vacías, quizá porque al abandonar la ciudad los difuntos fueron trasladados con sus ajuares a las tumbas familiares de otros lugares. También han quedado pocas cosas de valor en las casas, ya que los habitantes tuvieron mucho tiempo para llevarse sus pertenencias al trasladarse a otra ciudad. Sin embargo, observando la belleza y elegancia de los pocos restos que el azar nos ha dejado podemos deducir la existencia de un continuo mercado de objetos cotidianos destinados a llenar de lujo y refinamiento la vida y las tumbas de estas gentes. Esta acumulación de objetos suntuarios hizo florecer pequeños talleres, desarrollándose una economía de ámbito particular que supiía las carencias características de toda economía centralizada, a la vez que enriquecía a un gran número de artesanos y comerciantes. Encontramos varios ejemplos de negocios privados en la ciudad de Amarna en los que nos vamos a introducir para comprobar cómo vivía y trabajaba este floreciente grupo social.

Proliferó el establecimiento de pequeñas industrias familiares para la fabricación de cerámica vidriada, como azulejos de brillantes colores para viviendas y palacios, vasos, tarros o ánforas para cosméticos y pequeñas piezas para confeccionar una preciosa bisutería muy característica de esta ciudad. En el año 1987 se excavó la casa P 46.33, (*Anexo 5d*). Se encuentra rodeada por unos patios que resultaron ser un taller de cerámica vidriada, puede que explotado comunitariamente por un grupo de personas o vecinos. En todo caso es un ejemplo de los talleres que funcionaban en Amarna fuera del ámbito estatal, demostrando la libertad económica de sus gentes. Este taller presenta la particularidad de emplear un nuevo sistema de fabricación, la técnica denominada de eflorescencia. Consistía en mezclar la masa de la cerámica con los componentes del cristal, los cuales, al secarse, subían a la superficie depositándose en ella en forma de sales que, al cocer, formaban el vidriado. Representa una tecnología avanzada empleada únicamente, que sepamos hasta el momento, en este taller, lo que puede indicar una mejor calidad y un producto exclusivo de un determinado artesano, que apreciaría la sibarita sociedad amárnica.

Esta excavación nos da también la oportunidad de apreciar una vivienda de un artesano de Amarna cuyo desarrollo vamos a seguir en el plano del *Anexo 5d*. Tenía un vestíbulo de entrada (1) que daba acceso a la sala central (2) en la que se aprecian los elementos característicos que ya vimos en la casa de Nakt: un banco para sentarse, en este caso en forma de L (a); un brasero central (b) excavado en el suelo, en cuyo interior quedaban todavía los restos de un cuenco de barro; y una plataforma (c) para lavarse o refrescarse de vez en cuando. En la casa de Nakt este lavatorio era una losa de piedra, mientras que en ésta, más modesta, es de ladrillo y por eso se encuentra ahora muy desgastado; curiosamente en el suelo frente a él, se aprecian todavía unas depresiones redondas que servirían para colocar jarras de agua. Esta sala central daba acceso a las demás dependencias de la casa.

Los talleres se instalaron en los patios, encontrándose unas estructuras para triturar algunos materiales (6) y el horno para cocer la

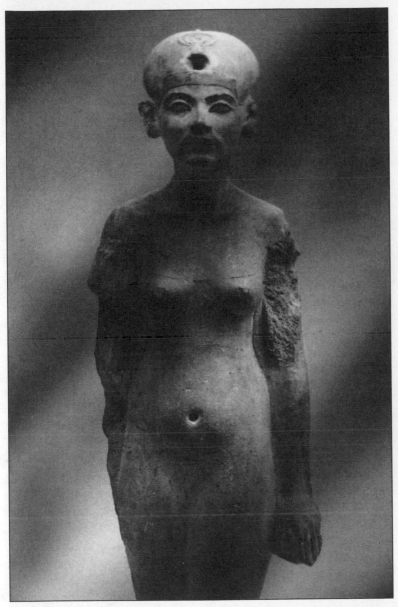

Nefertiti mayor con aspecto de cansada. Del estudio de Tutmosis. Museo de Berlín.

cerámica (7). La habitación 5 quizá fuese un pequeño almacén para los objetos fabricados en el taller pues allí han aparecido utensilios de piedra, moldes de bisutería y otros restos de cerámica. Esta casa tiene otra peculiaridad y es que el aposento 4 se dejó sin techar. Esto suscita la probabilidad de que tuviera un segundo piso y fuera un patio abierto para dar luz y ventilación a la habitación central, que de otra forma quedaría encerrada. Por tanto existen dos posibilidades. Las escaleras, que ocupaban casi toda la habitación 3, podrían subir a una terraza, en cuyo caso la sala central estaría elevada para lograr unas ventanas al exterior; o bien subirían a un segundo piso dejando el recinto 4 como un patio de luces. La idea de un segundo piso es aplicable a otras casas de Amarna.

Otra industria floreciente fue la del vidrio, que tuvo su apogeo durante los reinados de Amenofis III y Akenatón. Tanto en Malkata como en Amarna había talleres especializados, trabajando de una manera tan similar que es difícil distinguir sus piezas. Parece que en Malkata se prefería el azul cobalto y un vidrio muy opaco; mientras que en Amarna los colores preferidos son azules más claros y verdosos y la pasta es más transparente. El vidrio declinó después de Akenatón y se encuentra poco en el reino de Tutankamón.

En la actualidad hay un proyecto llamado *Amarna Glass Project* llevado a cabo por la Egypt Exploration Society. En la temporada de 1996-1997 Paul Nicholson y Caroline Jackson reconstruyeron un horno de vidrio igual a uno de los descubiertos por Petrie. El resultado fue comprobar que este horno podía alcanzar durante ocho horas más de 1.100 °C, temperatura suficiente para conseguir la pasta de vidrio de una sola vez, evitando la *fritura* previa como se pensaba antes. En el experimento se mezcló arena, elemento base del vidrio por su contenido de sílice, con cenizas de algas, que por ser plantas alcalinas beneficiaban la fundición; se añadió algo de cobalto para conseguir un tono azul. En uno de los tubos del ensayo se obtuvo un lingote de vidrio de buena calidad.

El grado de maestría al que llegaron los artesanos en Amarna queda patente en los objetos de tocador encontrados en la ciudad. Están realizados en toda clase de materiales: madera, alabastro, piedras, y en una gran variedad de formas: jóvenes nadadoras portando un loto que es una cajita; siervos o siervas llevando en sus espaldas un tarro; patos cuyas alas se abren para contener algún polvo. Los restos más abundantes son de vidrio, infinidad de pequeños vasos, frascos, ánforas y tubitos, muchos en forma de palmera; en estos últimos se guardaba el *kol,* producto utilizado para pintarse los ojos por su efecto desinfectante. Vamos a cerrar este apartado hablando de uno de estos recipientes de tocador que demuestra la sutileza y la habilidad alcanzadas. Se trata de una pequeña ánfora de alabastro labrada en dos mitades separadas y pegadas. Está adornada con varias incrustaciones: una princesita desnuda de cornalina, que se excavó por dentro para acoplarse a la panza de la vasija; el mechón de pelo es de obsidiana; la niña se encuentra de pie encima de una flor de loto hecha de oro, cornalina y cristal coloreado. La delicada terminación de todos los elementos, la exquisitez del trabajo en varios materiales y los pequeños detalles aportados delatan el refinamiento y la sofisticación de la sociedad de Amarna.

Comerciantes

En la sociedad de Amarna tuvo que existir un comercio muy intenso y tenemos pruebas de ventas de tierra, ganado, alimentos preciados, telas y objetos suntuarios. El comercio consistía en el trueque de los objetos, determinando su valor por medio de un patrón-moneda que solía expresarse en el *deben* de plata (aproximadamente 910 gramos). Es decir, si se quería vender un collar valorado en dos deben, el comprador debía pagar el equivalente en otras mercancías, por ejemplo, una pieza de tela de un deben y la cantidad de trigo estimada en otro deben. El uso y la costumbre fijaban precios para las mercancías más comercializadas, como el grano, el lino, una vaca. Sin embargo, habría otros objetos más difíciles de valorar pues en su componente no entraba sólo la materia prima sino el diseño, la originalidad o la manera de fabricarla; un ejemplo sería la bisutería salida del taller mencionado, que seguramente se pagaría más cara que otra similar de otro taller que no utilizaba el método de eflorescencia. Vamos a ver algunos ejemplos que hablan claramente del comercio de entonces.

La base de los salarios en Egipto era el grano, por lo que la existencia de graneros en casas particulares era un símbolo inequívoco de acumulación de riqueza, y en Amarna prolifera este tipo de estructuras funcionales tanto en casas grandes como pequeñas; son edificaciones circulares con un diámetro medio de 2,5 m. Es significativo notar que en el suburbio norte, hay casas pequeñas en las que se aprecian tres, cuatro y hasta once graneros. Esto implica unas entradas de grano mayores que las necesidades familiares, que esta gente aprovecharía para comerciar dentro y fuera de Amarna.

Habría varios sistemas de venta. Las clases más humildes venderían su mercancía en mercados callejeros o la ofrecerían de casa en casa. Sin embargo, las clases sociales altas, así como los templos, utilizaban una figura llamada *shati* que podríamos traducir por tratante o comerciante, cuya labor era intercambiar los excedentes acumulados por algún cliente por otras mercancías que demandase. En Saqqara se ha encontrado una estela de la época de Akenatón, hoy en el Museo de El Cairo, perteneciente a un tal Huy que era jefe de los *shati* de la mansión de Atón. En el caso de casas particulares, este personaje tendría una buena lista de clientes y conocería en todo momento lo que sobraba a unos y requerían otros, realizando fácilmente los intercambios para colmar los caprichos de la gente rica. Encontramos un ejemplo en el papiro Bulaq II, en el que aparecen listas de productos como carne, vino y pasteles, que dos tratantes intercambian, siendo las cantidades de sus inventarios tan modestas que indudablemente se trata de casas particulares. Hemos visto que las grandes mansiones tenían sus propias reses que podrían sacrificar y sus propias huertas donde podrían recolectar frutas y verduras frescas y maduras para su consumo. El problema estriba en que el clima cálido de Egipto estropea en seguida los productos perecederos, por lo que habría que secar o salar parte de esa carne y cocinar las verduras para envasarlas en tarros de barro, lo que, en ambos casos, disminuiría su valor y calidad. Sin embargo, si llamaban a un tratante, éste se encargaría de intercambiar la carne o las verduras frescas sobrantes de la familia por otros productos de su utilidad. Es probable que las mercancías adquiridas fueran revisadas antes de pagar su precio. En la casa U.36.41 del barrio norte de Amarna se ha encontrado una balanza de mano que prueba el control del peso llevado a cabo en algunas mercancías.

En cuanto a la compra-venta de tierras, también tenemos un ejemplo del reinado de Akenatón en un papiro encontrado en el Kahun, hoy en Berlín, que nos cuenta: *En este día Nebmehy vino de nuevo al pastor Mesia diciendo: «Dame una vaca a cambio de un campo de 3 aruras»* (unos 8.205 m²). *Entonces Mesia le dio una vaca por valor de _ deben en presencia de numerosos testimonios.* Este intercambio nos demuestra el poco valor otorgado a la tierra y, a la vez, la existencia de pequeñas cabañas particulares a un nivel social bajo como debía ser el de Nebmehy y el pastor Mesia. En este mismo papiro y teniendo como protagonistas a los mismos personajes comprobamos que los intercambios se podían pagar con días de trabajo de una sierva, con la particularidad de que, bajo juramento, de no estar satisfecho el cliente, se le devolvería el valor aportado. Observemos el papiro: *Estoy completamente satisfecho por el precio de mi sirvienta. ¡Tan verdad como que vive Amón!* (ésta es la formula de juramento egipcio), *si hay algún inconveniente durante los dos días de servicio que te doy de la sirvienta Henut, esto será contado, céntimo por céntimo, en presencia de testimonios numerosos.* Es decir, le será devuelto el valor de lo que pagó. Y, en efecto, así sucedió: *Pero los dos días de trabajo de la esclava Henut fueron especialmente calurosos; por eso él me dio también dos días de trabajo de Meriremetchef y dos días de trabajo del siervo Nehsethi en presencia de muchos testigos.* Desconocemos que ventajas ofrecía la sierva Henut, puesto que dos días de su trabajo fueron compensados por cuatro de otras dos personas. Lo interesante es comprobar que la moderna fórmula comercial *Satisfacción garantizada o la devolución de su dinero* era utilizada ya por los súbditos de Nefertiti.

Obreros y sirvientes

Las posibilidades de enriquecimiento, la libertad negociadora y la iniciativa privada para mejorar el nivel económico de cada persona llegaron también a la aldea de los trabajadores, donde encontramos una gran actividad industrial. En sus alrededores se descubrió una serie de granjas de cerdos, que se complementarían, durante la excavación

115

de 1985, con dos edificios encalados correspondientes, al parecer, a las carnicerías donde se sacrificaban estos animales, se hacían posibles embutidos y se salaba la carne. Es decir, que existía una verdadera industria cárnica que no sólo servía de alimento a los propios habitantes de la aldea, sino que también tendría sus compradores en los barrios acomodados, mejorando el nivel económico de los obreros. También en las proximidades de la aldea se extendían algunas huertas primorosamente cultivadas, divididas en rectángulos separados para cada especie diferente, rodeadas de una pequeña muralla para que el agua no se saliera. No paraba aquí la actividad económica de la aldea, ya que las hacendosas mujeres se dedicaban a cuidar animales dentro de sus propias casas o a tejer lino para su posterior venta. En algunas viviendas se han hallado restos de grandes telares verticales, introducidos en Egipto en esta dinastía, cuya instalación ocupaba casi toda una habitación. Dada su complejidad, suponemos que no se limitaba su producción al consumo casero, sino que se fabricarían tejidos para el exterior.

La aldea fue construida para un grupo homogéneo de familias, que se trasladaron a Amarna para trabajar en la tumba real y, seguramente, en las tumbas de los nobles. Todos estos obreros tendrían el mismo salario, las mismas necesidades y el número de personas a su cargo sería bastante parecido, por lo que en un principio todas las viviendas fueron iguales (*Anexo 5e*). Pero la uniformidad del grupo se fue perdiendo y las casas primitivas sufrieron considerables variaciones, adaptándose a las necesidades familiares y al progreso económico de cada cual, ya que se observan familias con un nivel de riqueza diferente al de otras.

Las casas medían cinco metros de fachada por diez de profundidad. El tejado estaba sostenido por palos de acacia y tamarisco, lo que demuestra un abastecimiento generoso, pues la madera era un material escaso en Egipto. Tenían una sola planta con una terraza donde se instalaban las cocinas y hornos; en ocasiones se techaban simplemente con cobertizos de palos y paja y servían para habitaciones de verano, pero, a veces, se construía una habitación supletoria que ampliaba considerablemente la vivienda. Las paredes solían ser blancas, aunque en algunas quedan pinturas de vivos colores y hasta frescos. En ningún caso los cambios realizados por las familias afectaron a la habitación central (1), que continúa la pauta vista en las casas anteriores y muestran el diván (a) y el brasero (b). La habitación de entrada (2) generalmente estaba dividida en dos y con frecuencia sirvió de taller. En muchos casos la parte trasera (3) estaba abierta y se utilizaba para criar animales domésticos, aunque también se ha hallado en ella un cuarto de baño. Se ha dado al caso de que una familia dedicó todo el piso bajo para cría de animales limitando la vivienda a un segundo piso.

Todos estos cambios, confirmados en excavaciones modernas, dan el perfil de un círculo social que pensaba en su bienestar cambiando los elementos de la vida cotidiana de acuerdo a sus propias comodidades.

Otros dos grupos de obreros, los siervos o criados de la familia real, habían estado siempre olvidados, permaneciendo en el anonimato más absoluto. Amarna rompe con este silencio y, como hemos visto, en uno de los comedores del Palacio Ceremonial encontramos un pequeño friso que representa a los criados haciendo las faenas domésticas (ver capítulo IX, Los palacios). También en los relieves encontrados en Hermópolis y en las paredes de las tumbas, aparecen numerosas figurillas de cocineros, barrenderos, porteros, guardianes y vigilantes, muchas veces hablando entre sí; y por supuesto la escolta, que rodea los carros de los reyes o de las princesas, y los cocheros, que esperan fuera del templo o palacio la salida de sus señores. Estas representaciones pueden mostrar una política de acercamiento al pueblo, que parece haber seguido Akenatón.

Micénicos y sirios estableciéndose libremente en Amarna, ricos y pobres viviendo en los mismos barrios, obreros con negocios propios y siervos representados en palacios y templos, una amalgama de pueblos y clases sociales viviendo bajo un mismo Sol. ¿Puede que, en el quimérico mundo que fue Amarna, se tratara de que todos los hombres fueran iguales? ¡Sueño todavía no alcanzado!

VI. NEFERTITI EN AMARNA

La Señora de las Dos Tierras

En los capítulos anteriores hemos visto cómo los reyes y unos seguidores enardecidos se trasladaron a Amarna con la ilusión de convertir un páramo en una ciudad florida. Barry Kemp afirma que, viendo el actual desierto que cubre Amarna, no nos podemos hacer una idea de lo verde que pudo llegar a ser. El entusiasmo desbordante sería la nota más sobresaliente en esos primeros tiempos y todos los residentes pensaban en mejorar su nivel de vida. También en capítulos anteriores hemos comprobado la fuerte personalidad de Nefertiti y su participación directa en el culto del templo de Atón en Karnak, así como en la fundación de Amarna. Una vez establecida la familia real con su corte y su pueblo en la nueva residencia, Nefertiti siguió siendo una pieza fundamental en la vida de la ciudad y es muy raro ver a Akenatón solo en actos religiosos, ceremonias oficiales o escenas privadas; casi siempre aparece seguido de Nefertiti.

No hay ningún texto que hable directamente de la participación política de la reina, sin embargo, encontramos una serie de símbolos de poder que, siendo Egipto una cultura de imágenes, pueden ser relevantes para determinar su influencia en este periodo. Quizá el más significativo sea un relieve perteneciente a una columna del Gran Palacio de Amarna. Nefertiti ofrece al dios con la misma postura que el rey y en los jeroglíficos que acompañan la escena comprobamos que es la única reina de Egipto que lleva el título de Señora de las Dos Tierras sin que vaya precedido del de Gran Esposa Real. La titulatura normal era: *La Gran Esposa Real, Señora de las Dos Tierras (y el nombre de la reina)*, lo que significaba que era Señora de las Dos Tierras por ser esposa del faraón. En esta imagen de

Nefertiti leemos *La Señora de las Dos Tierras Neferneferuatón Nefertiti*, es decir, a Nefertiti no le hacía falta apoyarse en su esposo para declararse Señora de Egipto.

En varias ocasiones Nefertiti adopta actitudes que hasta ese momento habían sido exclusivas del faraón, como ya hemos visto que hizo su antecesora, la reina Tiy. Nefertiti va más lejos y en un relieve partido que se encuentra en el Museo de Boston y que representa la cabina de su barco, la encontramos tomando del pelo a una prisionera y sacrificándola con la maza ritual faraónica. Esta iconografía es una de las más emblemáticas de los reyes de Egipto desde las primeras dinastías y jamás, hasta Nefertiti, fue utilizada por una reina. También Nefertiti porta con frecuencia la regalía propia de los reyes: en la tumba de Panehesy lleva la corona Atef faraónica, que ninguna esposa real llevó anteriormente. Y en la tumba de Mahu la vemos con el cetro Sekem, propio de los reyes.

Hay otras imágenes que, aunque con menos claridad, pueden demostrar el poder de la reina. Una de ellas es una estela con una escena familiar característica de Amarna, que se encuentra en el Museo de Berlín. El rey está besando a una princesita, mientras la reina juega distendida con sus hijas bajo los rayos del sol. Al fijarnos en los tronos de los reyes, vemos esculpido el símbolo de la unión de los dos Egiptos en el de Nefertiti, mientras que el del rey no está grabado. ¿Puede ser simplemente que no se terminó? El resto de la composición está perfectamente acabado, lo que sugiere más bien un detalle significativo. También en el fragmento de otra estela que se encuentra en Berlín, Nefertiti está poniendo un collar a Akenatón mientras la pareja se mira ensimismada. El dios Atón se encuentra sobre Nefertiti y no en el centro de la escena; podemos aludir la falta de espacio, ya que la corona del rey es sumamente grande, pero cabe la posibilidad de querer realzar la preferencia del dios por la esposa de su representante en la Tierra.

Otra característica de las imágenes de Amarna es el amor solícito que el rey demuestra, aun públicamente, por la reina y la actitud cariñosa de la pareja hacia sus hijas. Las expresiones de amor entre Akenatón y la bella Nefertiti podrían ser un símbolo de la recreación mítica de la humanidad a través de la realeza y la actitud familiar podría reflejar el cuidado amoroso del creador hacia su creación. En este caso, ambas demostraciones de cariño serían solamente una bella filosofía.

Pero la preponderancia de Nefertiti en Karnak y los símbolos de poder que estamos repasando hacen pensar en la importancia de la reina en la vida y el pensamiento de Akenatón. En todo caso, las expresiones de cariño son un soplo fresco en la rígida iconografía faraónica; están llenas de ternura, son únicas en el *corpus* artístico de Egipto y puede que sean las escenas más afectivas del Arte Antiguo. Pero también ellas nos quieren transmitir la idea jerárquica establecida: el dios en el cielo envía sus rayos a la pareja real, que la ayudan a la procreación y reparten sus dones en la Tierra; en otra escena familiar del Museo de El Cairo, Akenatón está dando a su hija una joya, un pendiente en forma de pato. A pesar del gran protagonismo de la reina en la historia, su vida en Amarna no debió de ser fácil. Fue un periodo de cambios sin tiempo suficiente para asentar los nuevos principios en la mente de las gentes. Esto ocasionó un malestar que fue aumentando con el curso de los acontecimientos internos y externos y llegó al palacio real afectando a la propia reina. Vamos a analizar la actitud de los nobles y la evolución de la política externa de acuerdo con los pocos datos ciertos del periodo, encontrados en las inscripciones de las tumbas y en las cartas de Amarna.

La nobleza disidente

Desde los inicios del reinado, Akenatón otorgó un largo nombre a su dios Atón que encerró en dos cartelas. Alrededor del año noveno, recrudece la intransigencia religiosa y el nombre de Atón cambia sus signos excluyendo cualquier vestigio mitológico en sus jeroglíficos. Esta transformación nos ayuda a datar los acontecimientos antes o después de dicho año, de acuerdo con la nomenclatura empleada. Así podemos comprobar que muchas tumbas de los nobles pararon la construcción en esta fecha. Parece que la radicalización de la *teología* atoniana sembró el descontento entre los propios seguidores del rey, los cuales, quizá, comenzaran a abandonar paulatinamente Amarna. Vamos a revisar algunas tumbas significativas.

Un tipo curioso es Maya, quien aparece en las cartas de Amarna anunciando a las colonias asiáticas la llegada de un ejército egipcio. En su tumba (TA 14) sólo se encuentra el primer apelativo de Atón.

El nombre de Maya está tachado, por lo que se piensa que cayó en desgracia a su vuelta de Palestina, quizá como consecuencia de una derrota. Pero el egiptólogo inglés Martin ha excavado y publicado una tumba de Saqqara perteneciente a un tal Maya, supervisor del Tesoro en tiempos de Tutankamón. Si este Maya es el mismo personaje de Amarna, resulta difícil pensar que Tutankamón promoviera a un funcionario fracasado y le otorgara uno de los puestos más importantes del Gobierno. ¿No podemos leer al revés la tachadura del nombre de Maya en Amarna? Maya no recibe la ayuda militar pregonada y abandona al rey, cayendo en desgracia entonces y siendo ensalzado después por el sucesor de Akenatón, Tutankamón. Sea por la razón que fuere Maya desaparece de Amarna.

Otro extraño funcionario fue Tutu, quien, por el nombre y por la cordialidad expresada por los traicioneros príncipes de Amurru, podría ser su pariente o, al menos, originario de Asia. Su conocimiento de idiomas le valió el cargo de interlocutor del rey con las colonias. La tumba de Tutu tiene los dos nombres de Atón, aunque el segundo aparece en pocas ocasiones. Esto significa que la caída en desgracia o el abandono voluntario de Tutu de Amarna fue posterior al año noveno y puede coincidir con el momento en que Amurru traiciona a Egipto y pasa a ser vasallo de Hatti. Como en el caso de Maya nos asaltan las preguntas: ¿Fue causa de la desgracia de Tutu la traición del príncipe de Amurru? o ¿volvió Tutu voluntariamente a su país de origen? Sólo sabemos que es otro alto funcionario que abandonó Amarna.

Huya era el administrador de la reina Tiy y debió de trasladarse a la nueva capital a la muerte de la soberana. En su tumba se halla representada la fiesta del año 12, de la que hablaremos a continuación, y sólo aparece el segundo nombre de Atón. Todo esto significa que su decoración fue tardía. Curiosamente la tumba de Huya y la de Apy son las únicas terminadas, y paradójicamente, son también las únicas con escenas de los ritos fúnebres tradicionales. ¿Podría indicarnos que, viendo la desastrosa reacción de la corte ante el radicalismo religioso, se autorizó la libertad para volver a algunos ritos antiguos? Esto demostraría hasta qué punto llegó la indisposición de las gentes ante las reformas del rey.

Uno de los posibles entusiastas ante las primeras ideas de Akenatón pudo ser Ay, el cual siguió al rey a Amarna, donde inició

122

Estela familiar. Museo de El Cairo.

la construcción de su morada para la eternidad, en la que se encuentra el texto más completo del Himno a Atón (TA 25). No tenemos ningún indicio de que Ay abandonara la capital, puede que los posibles lazos sanguíneos con Akenatón y Nefertiti retuvieran a Ay con incondicional fidelidad a la familia reinante. Recordemos que Ay podría ser hermano de la reina Tiy y, como hemos visto, posible padre de Nefertiti; por otra parte, su esposa Tia fue nodriza de la reina (ver *Orígenes de Nefertiti*. Capítulo II) y, por tanto, ambos profesarían gran afecto a los reyes. Sin embargo, hay varias datos reveladores en su tumba, por ejemplo, aparece solamente el primer nombre de Atón, lo que demuestra que se paró su decoración hacia el año noveno; y en ella hay un texto que dice: *Mi grandeza consistía en cerrar la boca, siendo próspero, uno que pide para sí mismo una buena vejez y que ama a la vida*; si tenía que cerrar la boca para ser próspero y vivir bien, parece que no compartía la totalidad de las ideas de Akenatón. Años más tarde, él mismo aconsejaría, no sin nostalgia, al niño Tutankamón el retorno al sistema antiguo, rectificando su posición sobre las ideas de Akenatón aplaudidas al principio.

Es muy significativo que las tumbas de los altos cargos del Gobierno de Amarna se encuentren apenas iniciadas. La tumba 12, perteneciente al visir Nakt, de quien hemos visto la casa, no se llegó a decorar y sólo reconocemos a su propietario por una inscripción en las jambas de entrada; un cargo tan importante para el Antiguo Egipto como el de supervisor del Granero no aparece entre las tumbas encontradas; el supervisor del Tesoro, Suta (TA 19), tan sólo tiene decorada la parte norte del pasillo de entrada. Este hecho ha inducido a pensar que el Gobierno del país podría seguir en Menfis y que la nueva ciudad estaría concebida exclusivamente como un gran templo de Atón, donde residiría el dios, los reyes y los servidores de ambos. Sin embargo, no existe ninguna evidencia arqueológica en Menfis que facilite esta hipótesis, mientras que en Amarna se han encontrado la vivienda y la iniciada tumba del visir, así como la *Casa de la Correspondencia del Faraón*, con el archivo internacional más importante del momento. Ambos hallazgos avalan a Amarna como capital indiscutible de Egipto. La falta de tumbas con importantes títulos gubernamentales puede deberse a que los individuos prefirieron seguir con sus enterramientos familiares en sus lugares de origen, lo que demostraría una falta de confianza absoluta en la nueva capital, o a que fueron abandonando poco a poco al rey para unirse a sus detractores.

El entusiasmo inicial por participar en las nuevas ideas y vivir en un pequeño paraíso dio paso al desencanto y al temor. Los problemas internos se fueron agravando, principalmente en las provincias, y sus consecuencias sólo se apreciarán en los reinados siguientes. Mientras tanto, en el exterior Egipto perdía su hegemonía y las colonias se aprovechaban de la aparente debilidad del faraón.

Las colonias revueltas y su repercusión en Amarna

Los problemas internacionales iniciados en el reinado de Amenhotep III (ver *Egipto y el mundo*. Capítulo I), no mejoraron durante el reinado de Akenatón. En ningún momento se aprecia una acción firme para detener el desbarajuste en las colonias o demostrar una fortaleza militar capaz de frenar la expansión hitita. Por el contrario, da la sensación de que los acontecimientos externos se sucedían con mayor rapidez que el poder de reacción egipcio, desbordando y arrasando cualquier iniciativa. Veamos brevemente la sucesión encadenada de hechos narrados en las cartas de Amarna.

El astuto rey de Hatti, Shuppiluliuma, no pudiendo permitir un posible cambio en la política egipcia que redundara en una ayuda militar a Mitanni, escribió una carta diplomática cuando Akenatón subió al trono, solicitando la renovación del tratado de amistad (EA 41). Por otro lado, varios contratiempos debilitaron las frágiles relaciones del faraón con Mitanni hasta que sus cartas desaparecen de la correspondencia de Amarna. Hatti aprovechó el momento oportuno y emprendió una segunda campaña por Siria que culminó con la invasión de Mitanni. Tushratta huyó, humillado y vencido, mientras Shuppiluliuma se proclamaba dueño absoluto de Siria. La terrible derrota sufrida por Mitanni provocó una gran convulsión en el mundo de entonces. Tushratta intentó restablecer un ejército capaz de defender su imperio, pero al poco tiempo moría asesinado. Hatti no quiso una lucha directa con Egipto y se paró en las fronteras de sus colonias sin traspasarlas abiertamente, pero no se negaba a recibir a los vasallos del faraón que traicioneramente se pasaban a sus filas. Mientras tanto Egipto miraba con recelo, pero sin intervenir, la política expansionista de Hatti.

En cuanto a la política colonial, Egipto siguió sordo a las quejas de algunos príncipes y contemplaba la traición de sus vasallos sin infligir represalias enérgicas para pararlas. En algunas cartas de Amarna parece que la corte decidió tomar alguna medida, pues nos hablan de varios intentos de envío de tropas a Asia. Sin embargo, ni en las inscripciones egipcias, ni en las crónicas de los países del entorno hablan de una posible contienda. ¿Utilizó Egipto la táctica de anunciar el envío de un ejército para atemorizar a sus enemigos y calmar las disputas o fue una pequeña derrota silenciada? Los documentos encontrados hasta el momento no nos desvelan estas incógnitas.

El año doce, ocurrió un acontecimiento lo suficientemente importante como para que figure ampliamente representado en dos tumbas de Amarna, las de Huya y Meryra II. Se trata de un gran festival organizado para la recepción de tributos y regalos extranjeros, narrado y representado con una solemnidad y viveza propios del arte de Amarna. Vemos cuando el rey y la reina salen del palacio y son llevados en el gran palanquín de *electro* adornado con un león de oro. Al llegar a una gran explanada, la familia real subió a una tarima, donde unas frágiles columnas sostenían el techo bordeado de un doble friso de cobras reales. El rey y la reina se acomodaron en el gran trono *de su real y divino padre Atón*, mientras las seis princesas jugueteaban detrás. Allí recibieron *los productos de Palestina y Kush, del oeste y del este, todos los países extranjeros reunidos como si fueran uno, y las islas que están en medio del Gran Verde (mar), presentando sus productos al rey en el gran trono de Amarna.* Vemos un interminable desfile de países acompañados por sus introductores egipcios. El gran número de pequeños personajes, en movimiento continuo, ofrece las incidencias de varios momentos concretos, dando un gran realismo a la escena: unos portan los regalos, otros adoran al rey, algunos se pelean, otros bailan. En los registros inferiores, el palanquín real, los carros y la escolta esperan contemplando el magno espectáculo.

126

El acto tuvo que celebrarse en un lugar muy amplio para obtener una fastuosa perspectiva de la ceremonia y albergar al gran número de participantes en ella. El sitio que parece más indicado es unas plataformas alejadas, al este del Palacio Norte, conocidas por Altares del Desierto. Ninguna de las inscripciones nos indica los motivos del acto y sobre ello existe una disparidad de criterios. Quizá la opinión más verosímil es que podría conmemorar la victoria de una campaña, realizada ese mismo año en el distrito nubio de Akkita, motivada por el robo del grano destinado a los mineros de la zona. El virrey del Kush, Dyehutimose, en una estela de la fortaleza de Buhen, nos cuenta la gran matanza efectuada, los cautivos vivos apresados y, con crueldad poco común, dice que algunos fueron empalados. La fácil victoria de Nubia pudo dar ocasión a una celebración desmedida en Amarna, con posibles repercusiones publicitarias, tanto en Oriente Próximo como en el País del Nilo. El solo hecho de celebrarse en la nueva capital, que en esos momentos ya estaría bellísima, sería motivo de admiración para todos los enviados extranjeros; a la vez que, conmemorando una victoria, el rey intentaría resarcirse de alguna posible derrota en Asia. La gran parada tendría también como objetivo atemorizar a los vasallos demostrando la capacidad del ejército egipcio, es decir, una fuerza militar, quizá, inexistente. En las tumbas de Amarna encontramos pocas alusiones a hechos guerreros, por esto es significativo que en la tumba de Meryra II, en cuya decoración se encuentra este festival, leamos frases tradicionales del rey vencedor del universo: *Él (Atón) hace que él (rey) saquee todos los países extranjeros en los cuales brilla... Todos están bajo el pie de Akenatón.* Sin embargo, el acontecimiento no parece tener ninguna repercusión en Asia y ninguna otra crónica de la época se hace eco de él. Ignoramos también la repercusión interior, pero la intención fue claramente mejorar la ya deteriorada imagen del rey a nivel nacional. La recepción de tributos y regalos parece expresar un alarde de poder real y riqueza para el país en un momento en el que ambas cosas debían de flaquear en Egipto. El método no es nuevo: Amenofis III intentó reforzar su autoridad por medio de unos espectaculares festivales Sed en un nuevo palacio-ciudad: Malkata; Akenatón lo hizo con una gran fiesta recibiendo regalos del mundo entero en la bella ciudad del Horizonte del Sol.

El fracaso económico

El desastroso final de Akenatón se debió a múltiples causas, como la rápida implantación de unas ideas que hacían temblar los cimientos de una cultura ancestral. Pero, como en muchas otras ocasiones en la Historia, pudo ser decisivo el empobrecimiento paulatino de la población y la corrupción administrativa.

La economía de Egipto fue siempre centralizada pero estaba administrada por distintos estamentos, perfectamente organizados, entre los cuales los templos jugaban un papel importantísimo (ver *Ambiente social,* Capítulo I). No sólo aquellos dedicados a los grandes dioses, sino también las instituciones funerarias y pequeñas capillas locales, poseían riquezas y ayudaban a la vigilancia y supervisión de los arriendos de tierra esparcidos por toda la geografía nacional. No se tiene constancia de que Akenatón clausurara los templos, más aún, todavía en el año cinco, las divinidades menfitas recibían sus ofrendas habituales (Ver *La corte de Amarna.* Capítulo V); pero puede que las riquezas de los templos fueran revertiendo en Atón de forma paulatina, lo que significaba condenarlos a morir por inanición. Veamos los pocos datos que tenemos a este respecto.

El templo de Atón en Karnak comenzó su andadura exigiendo unas tasas, que no parecen excesivas, a distintos cargos y entidades particulares, incluyendo fincas reales, pero que tienen la peculiaridad de abarcar los templos de los demás dioses. Los textos, que se encontraron en fragmentos de los *talatat* enterrados en el segundo pilono de Karnak, están muy dañados y han sido publicados sólo parcialmente por Traunecker en la revista *Journal of the Society for the Studies of Egyptian Antiquities* en Toronto (1984). Algunos parecen indicarnos que los impuestos iban destinados a sostener al personal de la Casa de Atón, que ascendía a 6.800 empleados. Sin embargo, la recaudación no parece suficiente para cubrir estos gastos. En todo caso, es significativo que los demás dioses tributen a Atón, indicando una subordinación obligatoria y una merma de sus riquezas.

Por otro lado, las entradas de los templos dependerían en gran manera de las ofrendas reales e indudablemente el rey suspendería nuevas donaciones para otros cultos y escatimaría las existentes. Encontramos una prueba, a principios del reinado, en la tumba tebana de Parannefer (TT 188), entonces supervisor de los Sacerdotes de Todos los Dioses y por tanto, quizá, el encargado de controlar las ofrendas de los templos; nos dice: *El grano de los impuestos de cada dios se debe medir en oipe* pero las medidas para Atón deben exceder.* Esto da a entender que existió una desviación de recursos al dios Atón, la cual debió de empobrecer poco a poco a los templos de todos los demás dioses. La ruina afectaría a las ciudades donde se encontraban, como indica el edicto de Restauración de Tutankamón que, aunque quizá exagera la dramática situación, debió de tener un punto de partida real: *Los templos y las ciudades de los dioses y diosas desde Elefantina hasta las marismas del Delta habían caído en la ruina.* En los lugares en los que la implicación ciudadana en los trabajos templarios fuera mayoritaria, pudo darse un lento despoblamiento hacia ciudades con más posibilidades de subsistencia, entre ellas la propia Amarna.

Poseemos una noción muy escasa de la vida provincial en la época de Amarna. No hay ninguna biografía de ningún personaje importante fuera de la corte y desconocemos el grado de centralización de la vida política en la nueva capital. Suponemos que la estructura gubernamental de las provincias no sufriría grandes variaciones, pero puede que la deserción de la gente preparada afectara también a los dirigentes provinciales, lo que obligaría a elegir nuevos funcionarios entre aquellos oportunistas cuyo único mérito era la ambición y ansia de poder. Los cargos administrativos locales pasarían así a manos de los seguidores de Atón, aunque provinieran de otros lugares, creando malestar en las pequeñas comunidades. Horemheb en su edicto sobre la reorganización del país nos induce a pensar en intrusos atonianos en los cargos públicos provinciales, pues se esfuerza por dejar constancia de que los nuevos jefes y funcionarios nombrados son de la región, por ejemplo, hablando de los jueces locales, dice: *Los sacerdotes de los templos de la ciudad, los alcaldes, los sacerdotes uab de los dioses formarán la corte local según su deseo para juzgar a los ciudadanos de cada ciudad.*

Una centralización excesiva en Amarna, una delegación provincial en gentes nuevas y foráneas pudo ocasionar dificultades con los mandos intermedios que redundarían en una carencia de la supervisión necesaria para el buen funcionamiento de la economía. El liberar en todas las parcelas los sucesivos controles establecidos favoreció el libertinaje y el robo, y los ingresos de la corona debieron disminuir considerablemente, por lo que se recurrió a la milicia para la recaudación de las tasas. De nuevo, el excesivo poder otorgado y la falta de supervisión adecuada redundaron en abusos y demandas arbitrarias de una soldadesca indisciplinada. El decreto de Horemheb recopila casos puntuales que pueden ser consecuencia de la desorganización anterior. El ejército actuaba libremente, requisando barcos, apropiándose de esclavos para recolectar algunas cosechas, exigiendo pieles de los pastores y pidiendo a los huertanos las verduras en nombre del propio faraón. El desconcierto local extorsionó tanto al pueblo contribuyente como a las arcas reales. Todos debieron sentirse estafados.

Quizá el rey y sus seguidores diseñaron una rápida difusión de la adoración a Atón, con la edificación de templos en los principales centros de culto capaces de absorber a los distintos cleros y demás personas seglares adscritas a ellos. La riqueza templaria de todos los dioses no cambiaría de manos sino de dios y la economía seguiría su cauce sin ocasionar traumas. El proyecto falló. La planificación inicial, seguramente perfectamente estructurada, no tuvo en cuenta las magnitudes necesarias para su puesta en marcha: el tiempo de acoplamiento mental de las gentes, el capital humano imprescindible para dirigir los proyectos y el gasto económico derivado del conjunto de propuestas. Las clases sociales inferiores, a quienes no llegaron en ningún momento histórico las inquietudes intelectuales y religiosas ni las decisiones de la corte, acostumbradas a obedecer sin rechistar a sus superiores y creyendo en las facultades sobrehumanas de su faraón, suponemos que aceptaron las extravagancias de Atón como un dios más en su magno panteón, pero no debieron admitir el empobrecimiento de sus dioses locales ni la persecución a Amón. Las clases superiores y el potente clero de Amón debieron oponerse abiertamente y entorpecer la política del rey.

Akenatón quiso abarcar muchas y muy profundas reformas en un corto periodo de tiempo y con la oposición de grupos de poder fuertemente establecidos. No supo hacerlo, no fue la balanza equilibrante que frenara las desavenencias, sino que tajantemente dividió el país en dos partidos: sus seguidores y los demás. Aunque heredó muchos males, Akenatón no hizo más que agrandarlos. Tutankamón nos informa del resultado: *En el país reinaban la calamidad y la ruina.*

Las hijas de Nefertiti

Mi corazón está satisfecho con la Gran Esposa Real y los hijos que me de la Gran Esposa Real Neferneferuatón Nefertiti... Que su hija Meritatón y su hija Meketatón, alcancen la vejez bajo el cuidado de la Esposa del Rey, su madre. Comentario del rey en las estelas de demarcación del año sexto, cuando Meketatón ya estaba en este mundo.

Los nacimientos se sucedieron y Nefertiti tuvo seis hijas, representadas con frecuencia en los relieves y pinturas, participando activamente en los acontecimientos de la época, asistiendo a la recepción de tributos extranjeros y a la donación de los collares de la recompensa a los nobles fieles al rey; las vemos trasladándose al templo en sus carros y actuando en ceremonias religiosas tocando el sistro detrás de su madre; son las principales protagonistas de las escenas familiares, jugando con sus padres, charlando entre ellas y comiendo en los banquetes. Nos dan la sensación de ser unas niñas felices rodeadas siempre del cariño de sus padres; en el Museo de El Cairo hay una pequeña escultura en la que Akenatón está besando a una de las princesitas que tiene en sus rodillas y en el Museo de Brooklyn hay un precioso relieve, lleno de encanto y ternura, en el que Nefertiti besa a una de sus hijas.

Muchas de las representaciones de las princesitas muestran los cráneos apepinados, lo que ha motivado un sinfín de hipótesis sobre las causas de esta posible deformidad. Se les atribuye la enfermedad de la hidrocefalia u otra deformación genética heredada del padre y últimamente se habla del síndrome de Marfan. Las enfermedades son difíciles de comprobar por no haberse encontrado ninguna momia de las niñas. Por otro lado sería raro que la seis heredaran o sufrieran idéntica dolencia. Se ha llegado a decir que se les deformaba voluntariamente el cráneo al nacer, argumento refutado convincentemente por el antropólogo alemán Kurt Gerhardt en un artículo de la revista *Zeitschrlft für Ägyptische Sprache und Altertumskunde*, Berlín, 1967; o que los cráneos se representaban deformados como símbolo del huevo de donde nació el Sol, aunque en ningún relato mitológico el huevo se representa como una cabeza. Todas las ideas son dignas de mención pero no tienen base científica ni se pueden apoyar en ningún escrito de la época, por lo

131

que son simples deducciones particulares de unas imágenes. Más sencillo es pensar que la tendencia de la familia era tener cabezas alargadas; así lo demuestran las dos momias que conservamos de este periodo, la posible de Smenhkara y la de Tutankamón. También hay que tener en cuenta que la cabeza apepinada se representa siempre cuando las princesas son pequeñas y, muchas veces, con la cabeza rapada, que acentúa el defecto. Puede que nacieran con la tendencia familiar acentuada y que posteriormente se les fuera corrigiendo. La estatua de una princesa algo mayor del Museo del Louvre no muestra este defecto y Ajesempaatón aparece con una cabeza completamente normal en los relieves del tesoro de su esposo, Tutankamón. De momento todo lo que digamos sobre esta anomalía es pura conjetura.

La hija mayor se llamó Merytatón y fue una persona muy importante en la corte de Amarna, especialmente en los últimos tiempos, tanto que el rey de Babilonia la nombra en algunas cartas como la *Señora de la casa* del rey, por lo que se ha especulado que, cuando desapareció Nefertiti de la vida pública, Merytatón pasó a ser esposa de Akenatón o al menos a ejercer como Gran Esposa Real. Pero en los relieves encontrados en Hermópolis, que pertenecen a los últimos años del reinado, nunca aparece Merytatón con el título de Esposa del Rey cuando está relacionada con su padre, sin embargo, ya dijimos que sí lo portaba en un relieve de Karnak cuando tenía cuatro o cinco años, quizá como título ritual (ver *Príncipes y princesas.* Capítulo I). Merytatón fue verdadera esposa de un rey cuando se casó con Smenhkara, con quien reinaría alrededor de un año. La única prueba de este matrimonio es una representación de la tumba de Meryra II en la que aparecen los nuevos reyes condecorando al difunto. Cuando Davies copió la escena en *The Rock Tombs at Amarna* (Volumen II, placa XLI, 1905) sólo se conservaba la cartela de Merytatón incompleta (Meryatón), habiendo sido el otro machacado con anterioridad. Sin embargo, pudo completar el dibujo con la inscripción tomada años antes por Lepsius y publicada en su libro *Lepsius Demkmaler* (Volumen III, 99, 1845-59), en la que figura Smenhkara como rey del Alto y Bajo Egipto acompañado de *La Gran Esposa Real Mer[yt]atón, que viva por siempre.* Nada más sabemos de esta princesa después de la muerte de su padre.

Nefertiti besando a una de sus hijas. Museo de Brooklyn.

Meketatón fue la segunda hija de Akenatón y Nefertiti y murió después del año 12, pues la encontramos en la gran fiesta celebrada ese año, y antes del 16, último año de vida del rey que aparece en su duelo. Fue enterrada en la tumba real, en la sala gamma, donde se representa su muerte y el desconsuelo de sus padres y hermanas. En una de las escenas la princesa yace sin momificar en una cama a los pies de la cual Akenatón y Nefertiti sollozan amargamente. Fuera de la habitación estaban preparadas las viandas para un gran banquete, pero se convirtió en duelo y el artista quiso expresarlo dibujando las mesas boca abajo. El acontecimiento era importante y detrás de la fila de damas llorando se encuentra el visir. Pero lo más intrigante es que de la cámara mortuoria sacan a un niño en brazos seguido de portaabanicos, lo que le confiere la realeza. Los jeroglíficos están muy machacados para aclararnos la genealogía del bebé; se ha sugerido que podría ser la hija pequeña de Nefertiti, pero parece extraño que no asistan al duelo las hermanas mayores y sí la pequeña. La idea más extendida es que la princesa murió de parto y, como en ningún relieve aparece el padre, se adjudica la paternidad al propio faraón. Meketatón debió de nacer entre el año quinto y sexto, porque en las estelas de demarcación del año quinto sólo hay una niña detrás de Nefertiti y en los textos sólo se menciona a Meritatón; sin embargo, en el año sexto se añade la segunda princesita. Por otro lado, la última fecha conocida de Akenatón es del año diecisiete, por lo que la muerte de Meketatón tuvo que ser, como muy tarde, entre los años quince y dieciséis. En ese momento la princesa tendría nueve o diez años y no parece posible que pudiera concebir. Volvemos a encontrarnos con preguntas sin respuesta y la incógnita sobre el bebé sigue abierta.

De todas maneras tampoco tenemos certeza de la edad de las princesas. En el siguiente cuadro figuran las posibles fechas del nacimiento de las niñas y las razones para adjudicárselas, que se basan en las representaciones; lo que desconocemos es cuándo introducían a los niños en las escenas; ¿nada más nacer? ¿Cuando empezaban a andar?

Posibles años de reinado de las princesas de Amarna

Los argumentos expresados presuponen la incorporación de las princesas en los relieves nada más nacer.

PRINCESA	AÑO	FUNDAMENTOS
Merytatón	2-3	En el templo de Atón en Karnak se representa a Nefertiti con una sola hija en el 91% de los relieves encontrados. En las estelas de demarcación del año quinto hay una sola princesa detrás de Nefertiti y los textos sólo mencionan a Merytatón.
Meketatón	5-6	En el templo de Atón en Karnak Nefertiti aparece en un 8% de las representaciones con dos hijas. En las estelas de demarcación del año sexto se añade una segunda princesa detrás de Merytatón y se nombra a Meketatón.
Ankesempaatón	7-8	En el templo de Atón en Karnak sólo figura Nefertiti con tres hijas en el 1% de los *talatat*. En las estelas de demarcación del año octavo se añade el dibujo de una tercera princesa aunque no se nombra en los textos.
Neferneferuatón junior	9	Representada por primera vez en la tumba de Panehesy, que tiene el primer nombre de Atón, abandonado a partir del año noveno.
Neferneferura	10	La radicalización del año noveno debió de propiciar una reacción adversa en algunos miembros de la familia real, puede que en la misma Nefertiti. En el nombre de la nueva niña se ha sustituido al dios Atón por Ra.
Setepenra	11	Está representada en la fiesta del año 12. No sabemos nada más de ella. Pero tampoco su nombre lleva el término Atón.

La tercera hija se llamó Ankesempaatón y desposó a Tutankatón. Eran tiempos difíciles, los aires no eran favorables a la familia real de Amarna ni al dios Atón, por eso, aunque la pareja vivió todavía algunos años en el Horizonte del Sol, pronto se decidió un cambio de residencia y una vuelta a la religión ortodoxa. La corte debió de establecerse en Menfis y los nuevos soberanos sustituyeron en sus nombres al dios Atón por el antes odiado Amón, convirtiéndose en Tutankamón y Ankesenamón. Tutankamón murió sin dejar descendencia conocida, aunque pudo tener dos hijas prematuras cuyas momias se han encontrado en su propia tumba.

Entonces, en las crónicas de Hatti, exactamente en los hechos de Shuppiluliuma redactados por su hijo Murshili, encontramos un hecho increíble sin mencionar el nombre propio de su protagonista. *Y la reina de Egipto que quedó viuda escribió a mi padre como sigue: Mi marido ha muerto. No tengo hijos. Pero dicen que tú tienes muchos hijos. Dame uno de tus hijos y será mi marido. Nunca tomaré como esposo a uno de mis siervos... Tengo miedo...* Shuppiluliuma no salía de su asombro al recibir la carta de la desesperada reina de Egipto y dijo: *Una cosa semejante no me ha sucedido en toda mi vida.* Pero no se fió de la reina y envió un embajador al País del Nilo para investigar la situación. El embajador volvió con un egipcio enviado por Ankesenamón llamado Kani que llevaba otra carta de la reina: *¿Por qué has dicho «van a engañarme»? Si tuviera un hijo, ¿habría escrito para mi vergüenza y la vergüenza de mi país a un extranjero? No me crees... El que era mi marido ha muerto. No tengo hijos. Nunca tomaré a un siervo mío para hacerle mi esposo. No he escrito a ningún otro país... Dame uno de tus hijos. Para mí será un marido, pero para Egipto será el rey.* En otra tablilla leemos hasta lo que el propio enviado de la reina dijo al rey hitita: *Nibjurureya (Tutankamón) era nuestro rey y ha muerto. No tiene hijos. La esposa de nuestro soberano está sola. Buscamos un hijo de nuestro señor para hacerle rey de Egipto. Para la mujer, nuestra señora, buscamos un esposo.* Al fin, Shuppiluliuma accedió y envió al príncipe Zannanza, cuyo triste destino quedó sepultado para la historia ya que murió en el camino a Egipto, seguramente asesinado, sin dejar rastro de su persona, ni siquiera una huella de sangre que nos aclarara su triste fin. La implicación egipcia en la muerte del desgraciado príncipe está indicada en la crónica de Murshili, que nos cuenta el gran enfado de su padre y su decisión de invadir alguna parte de las colonias egipcias.

Hay varias damas a quienes distintos egiptólogos adjudican esta extraña aventura. Algunos apuntan a Nefertiti como la escritora a la muerte de Akenatón; no parece lógico que teniendo seis hijas y, posiblemente, hijos del rey con esposas secundarias, todos ellos legítimos herederos de la corona, Nefertiti necesitase un marido para continuar la dinastía. Otra candidata es la segunda esposa de Akenatón, Kiya, de quien hablaremos más adelante; pero, por los motivos anteriores, la idea se desmorona. También se piensa en Merytatón a la muerte de Smenhkara, aunque, también en este caso, la sucesión estaba clara, y heredaron el trono, con transición pacífica, su hermana Ankesenamón y su esposo Tutankamón. Por todo ello parece que de todas estas posibles escritoras, la única que pudo estar desesperada al no tener descendencia fue Ankesenamón, ya que no tenemos testimonio de ninguna de sus hermanas durante el corto reinado de Tutankamón, quizá porque ninguna vivía en ese momento. Otra prueba bastante contundente fue la aparición de la segunda tablilla mencionada pues en las frases del enviado egipcio la grafía del rey difunto tiene una *b* (subrayada en el texto), letra que se encuentra en el *prenombre** de Tutankamón, Nebkeperura, pero no en el de Akenatón, Neferkeperura, por esto, hoy parece estar admitido que la osada reina fue Ankesenamón.

Por supuesto que este ignominioso acto no aparece en ningún texto egipcio. Ankesenamón debió de recibir recriminaciones, odio y olvido. Humillada, aceptó su triste destino, abandonó por completo el espectro político y desapareció de la historia de Egipto. Un sello de cerámica con su cartela junto a la de Ay ha hecho pensar en un posible matrimonio entre la viuda y el sucesor de Tutankamón; quizá fuera un puro protocolo para elevar al trono a Ay con la misma fórmula por la que se pretendía convertir al príncipe hitita en faraón de Egipto. Nada más atestigua esta efímera unión. Ay sólo incorporó en las representaciones de su tumba real a Tia, la esposa con la que también aparece en Amarna. La famosa carta fue el final de la época amárnica y, quizá, la furiosa incitación al odio en los ramésidas hacia los sucesores inmediatos de Akenatón. Nadie perdonó que el último acto de esta familia fuera querer colocar a un extranjero en el sagrado trono de Egipto.

La cuarta hija de Nefertiti debió de nacer ya en Amarna hacia el año noveno. Es curioso que replicara el nombre que Nefertiti añadió a su cartela, Neferneferuatón junior. Esta princesa también aparece en la tumba de Meryra I en Amarna (TA 4); como *Esposa e Hija del Rey de su cuerpo, Neferneferuatón junior nacida de la Gran Esposa Real*... Y también, como en el caso de Merytatón, la princesita era demasiado niña para pensar en relaciones sexuales puesto que al morir su padre debía tener siete años.

Sabemos muy poco de las dos últimas hijas de Nefertiti, pero nos choca que en su nombre no figure el dios Atón, presente en todos los demás miembros de la familia real. Se llamaban *Neferura y Setepenra*. Es posible que este cambio fuera una consecuencia de la radicalización religiosa llevada a cabo por Akenatón a partir del año noveno, lo que sugiere algunas discrepancias dentro de la familia real. Puede que, mientras el rey se alejaba de la mitología tradicional, su esposa volviera a ella y cambiara en el nombre de sus hijas el Atón por el dios sol tradicional, Ra.

Neferura murió joven y según las excavaciones de Martin parece que tuvo una tumba propia en el valle real de Amarna. Está representada también en una caja encontrada en la tumba de Tutankamón, y este recuerdo de la infancia del rey, depositado en su morada eterna, demuestra la unión y el cariño de Tutankamón por la familia real amárnica.

La rival de Nefertiti

Como todos los faraones egipcios, Akenatón tenía su harén. En la carta del archivo de Amarna EA 14 se enumeran los regalos que Akenatón envió para desposar una princesa de Babilonia y en la EA 11 el rey de ese país se indigna por el poco séquito enviado por Akenatón para acompañar a su prometida. Cuando Amenofis III casó con la hija de Kadashman Enil (ver *El harén del faraón*. Capítulo I), mandó tres mil soldados para acompañarla a Egipto, pero Akenatón quiso despachar el viaje con un noble y cinco carros; la protesta de

Burnaburiash no se hizo esperar: *¿Van a llevársela con cinco carros? ¿Puedo en estas circunstancias permitir que te la lleven? Los reyes vecinos dirán: «Se llevan a Egipto a la hija de un gran rey con cinco carros»... Envía muchos carros y muchos soldados.* Volvemos a ver que estos desposorios y toda su parafernalia eran tratados como método publicitario de los reyes, a los que importaba más el *qué dirán* de los demás soberanos que la novia en cuestión. También comprobamos lo mal que debían andar las arcas egipcias cuando ni tan siquiera podían mandar un séquito digno para escoltar a una futura esposa del faraón. El caso es que estas dos cartas demuestran que Akenatón siguió la política exterior de su padre continuando con las uniones matrimoniales internacionales. No hay nada extraño en este proceder, lo sorprendente es que en los relieves tardíos encontrados en Hermópolis, el rey aparece con frecuencia con una esposa llamada la *gran amada*, cuyo nombre era Kiya.

Kiya fue desconocida hasta 1961 cuando Fairman publicó un vaso de cosméticos del Museo Británico. La inscripción dice: *La esposa, la gran amada del rey del Alto y Bajo Egipto, el que vive en Maat, Señor de las Dos Tierras, Akenatón, el bello niño del vivo Atón, el cual vivirá por siempre, eternamente, Kiya.* Hay dos frases en esta inscripción que se repiten en casi todas las inscripciones adjudicadas a Kiya: *La esposa, la gran amada y el bello niño del vivo Atón.* Este descubrimiento arruinó las novelas rosas forjadas sobre el gran amor de Akenatón y Nefertiti. ¡El rey tenía otra esposa y era *la gran amada*!

No sabemos la procedencia de Kiya y como siempre que no existe la certeza de un hecho, las opiniones son discordantes. Lisse Manniche, en un artículo publicado en la revista *Göttinger Miszellen* en 1975, sugirió que Kiya era Tadukepa, la princesa mitana que entró a formar parte del harén de Akenatón cuando murió Amenofis III y que como ya hemos visto, Petrie identificó con Nefertiti (ver *Los orígenes de Nefertiti*. Capítulo II). Manniche se basa en que Petrie encontró en Amarna una etiqueta de una jarra de vino del año 11 con el nombre de Kiya a quien se nombra como *la noble dama* y la compara con un cono funerario de un tal Begay, sacerdote wab de Amón en Tebas, cuyo cargo era *administrador de la noble dama de Mitanni*; esta coincidencia en el título hizo pensar que sería el utilizado por las princesas mitanas en la corte egipcia. Como tantas veces, debemos reconocer que no sabemos nada de los orígenes de esa mujer que llegó a tener gran importancia en los últimos años del reinado de Akenatón.

Una característica de las mujeres de Amarna es que cada una debía poseer una capilla propia de adoración al sol, llamada *la Sombra de Ra*. La palabra sombra parece indicada pues da a entender que en estos lugares y con estas mujeres el dios se encontraría a gusto. La reina Tiy poseía uno de estos edificios en Amarna y en la tumba de Huya vemos a Akenatón llevando de la mano a su madre *para que conozca su Sombra de Ra*. La reina Nefertiti también debía de tener su Sombra de Ra, mencionado con ese nombre por el rey en las estelas de demarcación y, quizá hallado últimamente en Kom el Nana (ver *Los templos*. Capítulo IV). Las princesas tendrían también sus propios templetes y varios relieves aluden a ellos. Uno de estos edificios debió de ser el famoso Maru Atón, que ya hemos visitado (ver *Dos edificios singulares*. Capítulo IV). En los bloques encontrados aparece el nombre de Merytatón, encima de otro machacado. En un principio se pensó que Nefertiti cayó en desgracia, fue desterrada al Palacio de la Rivera Norte y su hija mayor, Merytatón, la sustituyó en las ceremonias de la corte. Pero Perepelkin, en 1978, comprobó que el nombre borrado no era el de Nefertiti, sino el de Kiya. Por tanto, el Maru Atón debió de ser la Sombra de Ra de Kiya. Esto demuestra el poder de esta mujer, a quien el rey dedicó uno de los más bellos y originales edificios de Amarna.

Hemos mencionado ya que en la tumba real hay dos cámaras funerarias de dos damas reales, la Alfa y la Gamma, aparentemente, muertas de parto. En la Gamma encontramos el nombre de Meketatón, como hemos visto más arriba, pero en la Alfa no ha sido posible identificar a la difunta. Sin embargo, tiene escenas muy parecidas, el duelo de una princesa que yace sobre un lecho, los reyes llorando su muerte y un bebé que sale de la habitación mortuoria seguido por un portaabanicos. Tampoco aquí aparece el padre del bebé y Martin, el último excavador de la tumba real, piensa que la princesa muerta podría ser Kiya, el bebé Tutankamón y el padre Akenatón. Es una idea muy sugerente, aunque no existe ninguna evidencia arqueológica que avale esta teoría. Lo que sí es cierto es que en esta dinastía no conocemos el nombre de las esposas secundarias del rey, a menos que sean madres del futuro faraón, como Isis, madre de Tutmosis III, o

Mutemuia, madre de Amenofis III. Que el nombre de Kiya aparezca con frecuencia en los últimos años puede apoyar esta teoría.

Al final del reinado o puede que después de la muerte de Akenatón, empieza una persecución contra Kiya y las hijas del rey se apoderaron de sus relieves y de sus edificios. Esto dificulta la claridad histórica ya que hay modificaciones en los nombres y hasta en las figuras originales de casi todos los relieves tardíos, adaptándolos a unas conveniencias cuya finalidad desconocemos. El terrible odio demostrado por las princesas, borrando su nombre y apropiándose de sus monumentos, puede sugerir una lucha por el trono entre las hijas de Nefertiti y Kiya, que acabaría en los matrimonios de las princesas con los futuros herederos, supuestamente hijos de Kiya, Smenhkara y Tutankamón. Otro ejemplo de la caída en desgracia de Kiya son los restos amárnicos hallados en la tumba 55 de Tebas. Entre los objetos funerarios se encuentran las tapas de vasos canopos, sin ninguna inscripción, pero que claramente pertenecieron a una dama real de Amarna, siendo Kiya la propietaria más probable. Más contundente es el estudio realizado por Allen sobre el sarcófago de esa tumba que contenía los restos de un hombre joven, seguramente Smenhkara. Los textos grabados en las cintas de oro que rodean el ataúd están borrados y alterados. En su reconstrucción se advierte que en el lugar donde normalmente aparece en las inscripciones la titulatura de Kiya, que hemos visto en el vaso de cosméticos: *La esposa y gran amada del rey,* la cinta se cortó y se parcheó con una nueva conteniendo epítetos de rey, como *el buen gobernante, imagen de Ra* y otros similares. Sin embargo, ha quedado intacto un sufijo femenino y aparece la otra frase propia de Kiya que llamaba a Akenatón *El bello niño del vivo Atón.* Todo hace pensar que se privó a Kiya de su sarcófago para enterrar a un rey.

La historia de estos últimos periodos y de la figura de Kiya se complica todavía más, pues en los relieves de Hermópolis surgen como por encanto dos princesitas nuevas que se llaman Merytatón junior y Ankesenpaatón junior. Este hecho ha vuelto a desatar la especulación del matrimonio de Akenatón con sus hijas Meritatón y Ankesenpaatón. A las junior se las nombra como hijas del rey, pero en la nomenclatura familiar egipcia, hijas puede significar nietas o descendientes. Además, ninguna de las supuestas madres lleva el título de Esposa del Rey en estos relieves cuando están relacionadas con las niñas o con Akenatón.

Los estudiosos afirman que las inscripciones están muy deterioradas y su lectura es confusa, máxime cuando ya hemos dicho que muchas de ellas fueron usurpadas a Kiya por las princesas. Cabe la posibilidad de que las niñas junior fueran hijas de Kiya con el rey o de las princesas con sus propios maridos, pues aunque el nombre de Smenhkara no se halla en los relieves de Hermópolis, sí aparece el de Tutankamón. En todo caso las princesitas junior son un nuevo misterio de esta época.

Es interesante comprobar que estas princesitas, posibles hijas de Kiya, nacieron en los últimos años y llevan el nombre del Atón, puesto que repiten el de las princesas, mientras que hemos visto cómo las últimas hijas de Nefertiti lo dejan caer. Volvemos a encontrar un indicio de discordia en el seno de la familia real. ¿Se alejaría Nefertiti de las ideas de su esposo y por el contrario éste se vería apoyado por Kiya? Las incógnitas se suceden en este borroso final del episodio de Amarna.

Para terminar de hablar de Kiya, vamos a leer lo que escribió a Akenatón en los pies del sarcófago del que hemos hablado: *Quisiera respirar el dulce aliento de tu boca y ver diariamente tu hermosura. Mi deseo es oír tu dulce voz del viento del Norte y que mi cuerpo rejuvenezca y se llene de vida gracias a tu amor. Si me dieras tus dos brazos con la fuerza de tu Ka, yo la recibiría y resucitaría a la vida. ¡Ojalá menciones mi nombre continuamente, sin que nunca se desprenda de tus labios, mi señor Akenatón!*

¿Nefertiti, rey?

A partir del año 12, los acontecimientos se precipitan hasta conseguir el fin de uno de los momentos más intrigantes de la historia humana y de una de las ciudades más bellas y misteriosas del mundo antiguo. Nefertiti abandonó la escena política como Gran Esposa Real, después de la muerte de Meketatón. Se han hecho varias sugerencias, una de ellas es la ya apuntada anteriormente, su caída en desgracia y su retiro al Palacio de la Ribera Norte. Esta opinión se basaba en la creencia de que su nombre se borró en el Maru Atón y en que los arqueólogos consideraban entonces como residencia real el Palacio Ceremonial y encontraron muchas jarras de vino con las cartelas de Nefertiti en el Palacio de la Ribera Norte. Hoy en día esta teo-

Fragmento de una columna del Palacio Ceremonial de Amarna.
Nefertiti lleva el título de Señora de las Dos Tierras, sin ir precedido
de Gran Esposa Real. Museo Ashmolean de Oxford.

143

ría está muy desacreditada, pues se ha visto que el nombre borrado en el Maru Atón no pertenece a la reina y se considera el Palacio de la Rivera Norte como residencia oficial; por lo tanto, es normal el encuentro masivo de la cartela de la reina.

Otra idea es que Nefertiti muriera. Hemos visto que Meketatón fallece después del año 12 y las tres últimas hijas desaparecen también. En esos momentos había una peste en todo Oriente Próximo de la que nos hablan las cartas de Amarna (ver *El abandono de Tebas*. Capítulo III). No es de extrañar que llegara al Horizonte del Sol sembrando la muerte de sus gentes, hasta de la propia realeza. La peste duró muchos años y a causa de ella murió el rey hitita Shuppiluliuma ya en el reinado de Tutankamón.

Pero todavía existe otra teoría más intrigante y es que Nefertiti dejara de ser Gran Esposa Real para ser corregente de su esposo. Es decir, que se coronaría y reinaría conjuntamente con el rey en los últimos años. La opinión más generalizada es que Akenatón y su sucesor reinaron en corregencia, pero el mayor enigma se centra en quién fue ese misterioso corregente y posible sucesor inmediato. Entre esos restos que perturban la claridad histórica, se hallan unas cartelas que muestran el mismo prenombre y distinto nombre: Anhkeperura Neferneferuatón y Anhkeperura Smenhkara. ¿Fueron dos reyes distintos? ¿Fue uno solo que cambió de nombre?

En un principio se pensó que ambos pares de cartelas pertenecían a Smenhkara, el marido de Merytatón, que subió al trono con el nombre de Anhkeperura Neferneferuatón, quizá como corregente de Akenatón, y después de la muerte de éste quiso alejarse del recuerdo de Amarna, puesto que ya habían caído los reyes en desgracia, y cambió el nombre de Neferneferuatón por Smenhkara. Ésta es la propuesta más sencilla, admitida por todos los egiptólogos hasta 1973, año en el que Harris estudió con detenimiento estos dos pares de cartelas y comprobó que Anhkeperura Neferneferuatón suele ir seguido por los epítetos de *amado/a* de Akenatón. Curiosamente, en algunos casos los epítetos están escritos en femenino. Este hecho, junto con otras muestras del gran poder de Nefertiti, le hizo suponer que la reina gobernó en corregencia junto con su esposo y fue su inmediata sucesora. La teoría sigue vigente todavía y puede apoyarse en la historia de Manetón, quien cita a una reina gobernando al final de la dinastía XVIII, llamada Akenkeres, que podría derivar de Anhkeperura.

Los epítetos en femenino habían pasado inadvertidos anteriormente o se habían leído como una perversión homosexual de Akenatón con Smenhkara. Ayudó a esta deducción una pequeña estelita que se encuentra en Museo de Berlín en la que se ve a dos personajes con corona de rey acariciándose. Los cartelas no llevan inscripción alguna, luego la mente puede especular sobre los representados. Sin embargo, ya hemos visto anteriormente a Nefertiti con la regalía propia de los faraones. Es decir, que a Nefertiti no le hacía falta ser corregente para lucir coronas y cetros de faraón. Por otra parte las cuatro cartelas cercanas al Sol contendrían el nombre del dios, siguiendo la costumbre de Amarna y los tres encima de los personajes corresponderían dos a Akenatón y uno de Nefertiti. Si fueran dos reyes necesitarían cuatro cartelas.

No se ha descartado la idea de que los dos Anhkeperura fuesen Smenhkara, marido de Merytatón, pues en una caja hallada en la tumba de Tutankamón (Carter cat. n. 1 k) se nombra a Akenatón y Anhkeperura Neferneferuatón amado del rey, junto a la *Gran Esposa Real Merytatón, que viva para siempre.* Parece, por tanto, que los dos reyes eran corregentes y Merytatón, la esposa de Anhkeperura Neferneferuatón, que tendría que ser el propio Smenhkara. Suponiendo que Anhkeperura Neferneferuatón fuese Nefertiti, tendríamos que dar una explicación mitológica a Merytatón como Gran Esposa Real. Hemos hablado antes de que el título de Gran Esposa Real podía darse con un significado ritual ininteligible para nosotros (ver *Príncipes y princesas.* Capítulo I). Teniendo en cuenta esta posibilidad, podríamos admitir, sin comprender bien el complicado entramado familiar, que Merytatón pudo desempeñar el cargo de Gran Esposa Real mientras su madre asumió la realeza como corregente de Akenatón.

La hipótesis que quizá solucione mejor los problemas planteados es la que mantiene Murnane en su libro *Ancient Egyptian Coregencies* (Chicago, 1977). Primero Nefertiti fue corregente con su marido, con el nombre de Anhkeperura Neferneferuatón, de aquí los epítetos de amado de Akenatón y las desinencias femeninas reseñadas; esta corregencia duraría, al menos, tres años, fecha que aparece en la tumba de Pairy, que veremos más abajo. A la muerte de Akenatón subiría al trono su yerno, Anhkeperura Smenhkara, quien, como mucho, debió reinar de forma independiente un año. Aunque existen otras versiones sobre estas oscuras cartelas, ésta parece la sucesión más lógica para zanjar algunos enigmas, pero de momento, sólo podemos exponer el problema sin aventurar una solución definitiva.

¿Renegó Nefertiti de Atón?

En los últimos años Akenatón emprendió una desmedida persecución al dios Amón de la que hablaremos en el capítulo siguiente. Puede que en ese momento, es decir, en plena persecución de Akenatón al dios Amón, Nefertiti quisiera restaurar su culto. Ya hemos visto algunas pruebas que pueden sugerir desavenencias entre miembros de la familia real a propósito de la radicalización religiosa llevada a cabo a partir del año nueve. Pero la más asombrosa la encontramos en una estela de la tumba de Pairy (TT 139). En ella leemos que el misterioso/a Neferneferuatón estaba construyendo su templo funerario en Tebas y dedicado al odiado dios Amón. Este hecho atestigua que, mientras Akenatón mandaba destruir las imágenes de Amón, su corregente, él o ella, había restablecido el contacto con el clero de Tebas y abandonado la idea de utilizar Amarna como lugar para su eterno reposo. Puede expresar la culminación de unos problemas acallados a causa de pensamientos distintos en el seno de la familia real.

Seguramente la persecución de un ser divino obtuvo el rechazo más absoluto de todos los egipcios, incluso de la persona elegida para participar como corregente en el gobierno del país. Los nobles contemplarían horrorizados cómo se machacaban sin piedad el nombre y las figuras de Amón, mientras el pueblo oiría desde fuera el martillo destructor de las sagradas imágenes, pensando con temor en un castigo divino. Las cosas no marchaban bien en ningún área. Para colmo de males, en el exterior las colonias se revelaban y el rey hitita, con pactos y traiciones, avanzaba abiertamente en los dominios del faraón. Puede que la superstición invadiese la mente de muchos pensando que la predicación de Akenatón no agradaba a los dioses y éstos sembraban el país de desastres. Akenatón debió de quedarse completamente solo. Así fue el triste fin de un bello periodo.

VII.   EL PENSAMIENTO DE AMARNA Y SU EXPRESIÓN PLÁSTICA

La *Filosofía de la Naturaleza*

Hablar de una *nueva* religión en el reinado de Akenatón no es acertado, pues en muchos casos las *revolucionarias* ideas partieron de creencias ancestrales y, sobre todo, muestran una clara continuidad con las teorías expresadas en la *Nueva Religión Solar* (ver *Especulaciones intelectuales*. Capítulo I). Ya hemos dicho que la *filosofía* de Amarna hay que tratarla en su conjunto, visualizando las atrevidas innovaciones introducidas en todos los aspectos de la cultura egipcia. Los cambios artístico, arquitectural y lingüístico son una serie de variantes que reflejan, en su propio campo, una misma idea, desmitificar el pensamiento en todas sus vertientes (religión, monarquía, magia) para lograr ver la realidad pura. La mente de Akenatón se sentía molesta con las sinrazones de caminos oscuros llenos de dioses y diablos, de los rejuvenecimientos milagrosos de los reyes, de la belleza artística alejada de la autenticidad física. Y de manera valiente se propuso llevar todos los hilos del pensamiento a un principio inmediato y real, alejándose de las fantasías intemporales y simbólicas de concepciones anteriores. Eligió la naturaleza, que nuestros ojos ven y nuestro entendimiento comprende, como única fuente de conocimiento y único camino para alcanzar la verdad y abolió la rica mitología tradicional para limpiar de aditamentos al Ser Superior declarando sin reservas la unicidad divina, subyacente en el pensamiento egipcio de todos los tiempos. Por esto, dos especialistas de la religión de ese momento, Assmann y Allen, denominan a la especulación del pensamiento de Akenatón *Filosofía de la Naturaleza*. Puede que para conseguir un discurso ideológico unitario el rey no viera más camino que cortar con todas las especulaciones religiosas que le habían precedido, anulando la fructífera actividad intelectual del reinado anterior (ver *Especulaciones intelectuales*. Capítulo I). Puede también que las tensiones contradictorias hubieran llegado a límites inadmisibles que obligaron al rey a optar por una reforma radical. El caso fue que Akenatón predicó una sola concepción intelectual, fruto de la evolución del pensamiento y no de alucinaciones de una mente atormentada, como se ha dicho a veces de este rey. Hornung afirma: *Akenatón no fue un visionario, sino un metódico racionalista*.

Resulta difícil tratar de abordar con algo de claridad el pensamiento amárnico. Debemos partir de una escasez documental en cuanto a los motivos que indujeron a Akenatón a su reforma y a las ideas que formaban su religión. Nuestras principales fuentes escritas son las tumbas de los nobles, las estelas de demarcación y una serie de inscripciones desconectadas de algún edificio. Si hubieran existido textos más explícitos sobre la evolución teológica en algún templo o en la Casa de la Vida, los sucesores del rey se habrían encargado de hacerlos desaparecer. Sin embargo, ya hemos repetido la importancia de las imágenes en la cultura egipcia y contemplando la iconografía de tumbas, templos y palacios comprobamos que el arte sigue la misma línea conceptual que encontramos en los contenidos jeroglíficos. Estos pobres restos hallados, tanto en escritos como en representaciones plásticas, muestran el frescor de una nueva inundación espiritual, el estallido de la luz como fuente de vida, una humanidad de diversas razas y colores unidas ante el Sol común a todos los países y otras muchas ideas tan bellas y actuales que hacen de Amarna uno de los periodos más interesantes de la historia. Por eso, a pesar de las carencias informativas, merece la pena intentar bucear en escritos y actitudes para tratar de conocer el pensamiento de los *filósofosteólogos* de Akenatón.

Un solo dios reinaba en el cielo

El mejor medio para el conocimiento del ser divino ideado por Akenatón es leer el famoso Himno a Atón, obra maestra de la poesía egipcia, que expresa el contenido *filosófico* del pensamiento amárnico con una organización armónica. Pero, a pesar de que el Himno enfatiza la idea de un Atón protector, que se acerca a la Tierra con sus rayos para dar la vida y cuidar amorosamente de su creación, este dios no llegó al pueblo. El disco solar era un fenómeno diario, natural y visible al que todos estaban acostumbrados; los egipcios prefirieron el misterio de una estatua velada, en la que un dios podía revelar sus poderes en momentos de gran solemnidad.

El dios de Akenatón tiene sus raíces en el dios Sol como Creador Universal y en el Ser Superior concebido por los egipcios en leyendas e instrucciones sapienciales. Era un ser único, sin personificaciones ajenas a su esencia y sin admitir los sincretismos tan comunes en el panteón egipcio; no tenía esposa, como la mayoría de los dioses; ni enemigos, como Ra, que debe luchar contra el mal representado por la serpiente Apofis durante su viaje nocturno; no necesitaba la ayuda de otros seres divinos para la creación y recreación diaria, en contraposición de nuevo con el Amduat, donde Ra es ayudado por los dioses que le acompañan en su barca nocturna. Era inmaterial y desconocido, puesto que el Sol no era el dios, sino la manifestación física de la divinidad y, por tanto, no necesitaba más imágenes materiales. Era el único creador y conservador del universo por medio de sus benéficos rayos. La creación se convierte así en un acto diario y natural: todo nace y vive gracias a la luz solar. Es decir, desmitifica el imaginativo y fantástico viaje de Ra, reduciéndolo a la pura contemplación de la naturaleza.

Pero el ser divino que más entorpecía el camino de Atón y del rey era el superpotente dios Amón-Ra, cuya preponderancia fue una de las principales causas del cisma amárnico. Tanto en su vertiente política como teológica, las intromisiones de Amón constituían uno de los mayores frenos para el desarrollo positivo de la *filosofía* de Akenatón. Puede que a esto se uniera el comportamiento levantisco y envalentonado del clero amoniano, capaz de estorbar, rechazar y hasta enfrentarse a los planes reales. Vamos a revisar los posibles puntos de discordia.

Teológicamente, la doctrina de Atón no podía tolerar la perfecta sincretización de Amón-Ra, que otorgaba a Amón las cualidades de Ra y con ellas la facultad creadora. Ya hemos dicho que el dios único no admitía sincretismos que entorpecieran la claridad de un solo principio de todo y un único dador de vida. Es decir, en la esfera divina no se toleraba más que un Ser Superior, Atón y su imagen, el disco solar. Los demás seres divinos del panteón pasaban a ser meros amuletos. Además, tradicionalmente en el cielo no había más rey que el dios Sol, pero al sincretizarse con Amón, éste se atribuyó el título de *Rey de los Dioses*. Por este motivo puede que Akenatón encerrara en cartelas el nombre de Atón, otorgándole la realeza sin emplear la palabra *rey*, tan utilizada para el dios Amón.

Quizá no hubiera resultado difícil arrancar la adherencia de Amón al dios Sol si el supremo Amón-Ra no hubiera usurpado poderes políticos a la corona; poderes manejados, indudablemente, por el poderoso clero de Tebas. Amón había llegado a gobernar la tierra por medio de los oráculos y de las órdenes dadas a sus hijos, los reyes. Esta última intromisión no encajaba en los planes de Akenatón de reforzar la maltrecha autoridad real, tratando de devolver a la mítica figura del rey el poder absoluto en el mundo terrenal. Amón se apoderó también de la posición del rey como intermediario entre los hombres y la divinidad, ya que por medio de la *piedad personal* los hombres entraban en contacto directo con el dios. Aboliendo a Amón, Akenatón se convertía en mediador único, restableciendo la monarquía dual instituida por la divinidad: en el cielo sólo gobernaba el dios Sol y en la Tierra sólo gobernaba el faraón. Vemos las ventajas que suponía la supresión del dios dominante para la instalación del nuevo orden ideado.

Sin duda el hecho que más enturbió la figura de Akenatón fue la absurda persecución contra Amón llevada a cabo en los últimos años, la cual debió de recibir un rechazo frontal de todos los egipcios. Sin embargo, según las nuevas investigaciones, parece que Akenatón toleró a los demás seres divinos, hasta dentro de la tumba real, donde se ha encontrado un recipiente con la cabeza de Hathor y una sortija que lleva escrito *Mut, señora del cielo*, y la diosa Mut era nada menos que la esposa del odiado Amón. Otra buena muestra es la estela hallada en el templo de Ptah de Menfis que se encuentra en el Museo de El Cairo. El padre de Akenatón, Amenofis III, está ante Ptah, que le ofrece el símbolo de la vida. La cartela con el nombre de Amenofis está machacada, borrada, porque contenía el nombre de Amón, mientras que la figura del dios Ptah quedó intacta. Por todo ello, parece que el tratar de eliminar al dios Amón no fue debido a un fanatismo religioso, sino más bien a una lucha de poderes políticos.

Un solo rey gobernaba la Tierra

Los egipcios tuvieron una singular manera de concebir la realeza. Idearon un mundo de seres divinos capaces de solucionar los problemas inexplicables de la vida y dominar las fuerzas oscuras de su entorno. Pero ese mundo, donde todo era posible, necesitaba un nexo de unión con los hombres para que éstos consiguieran sus beneficios. Y entonces inventaron una monarquía sacralizada, donde el rey era un hombre participante de la divinidad, un ser extraordinario dotado de poderes sobrenaturales, capaz de defender a Egipto de sus enemigos y de vencer los poderes hostiles de la naturaleza. Él era el Hijo del dios Ra y los egipcios le nombraron Señor de las Dos Tierras; posteriormente, le llamaron faraón y le atribuyeron el poder absoluto.

Este superser estaba dotado de una doble personalidad, un cuerpo humano heredado de sus padres físicos y un *Ka* o espíritu que fluía directamente de los dioses y se extendía de rey a rey formando un entroncamiento eterno de la monarquía con la divinidad. Podríamos decir que los egipcios concibieron una realeza eterna y un titular en la Tierra transitorio. Este difícil concepto queda claramente explicado en algunas tumbas de Amarna. En la de Huya leemos: ... *tú (el rey) causas la existencia generación tras generación...*; en la de Mahu: *Él (el rey) ha levantado (dado vida) generaciones y generaciones*; y en la de Meryra: *Él (el rey) ha hecho vivir generación tras generación, ¡el buen gobernante!* Akenatón, como ser humano con un tiempo de vida limitado, no podía dar la vida generación tras generación. Indudablemente estas palabras iban dirigidas al rey, no como ser individual, sino como eslabón de la realeza generadora de la vida de la humanidad eternamente, generación tras generación.

El *Ka* divino proporcionaba al rey unos poderes sobrenaturales, pero misteriosamente, no se hacían efectivos hasta después de la coronación, es decir, al ceñir las *Dos Magas*: la Corona Blanca, representando a la diosa buitre Nekbet, patrona del Alto Egipto, y la Corona Roja, representado a la diosa cobra Uadyet, patrona del Bajo Egipto. En momento se conjugaba en él de manera mágica la unión de lo humano y lo sobrenatural y el hombre elegido pasaba a formar una familia con la divinidad, al margen de los lazos terrenos, portase o no portase la sangre de los monarcas antepasados. Por esto, el cambio de una dinastía a otra se efectuó en Egipto con toda normalidad, sin importar la pureza de sangre, lo verdaderamente necesario era la elección del dios, libre de elegir a cualquier mortal para representarlo en la Tierra sentado en el trono de Egipto. De hecho en esta dinastía hubo al menos tres reyes que subieron al trono sin tener sangre real: Tutmosis I, Ay y Horemheb. También podemos comprobar en el *Anexo 2* que hay muchos casos de reyes cuyas madres no eran de origen real.

Se ha hablado mucho de la divinidad del faraón sobre todo cuando se trata de Amenofis III y su hijo Akenatón. De hecho el rey es el único ser vivo a quien los egipcios otorgaron el apelativo de *dios* o *el buen dios*. Sin embargo, el faraón no era un dios en el sentido estricto de la palabra, sino un ser elegido por la divinidad para que le representase en el mundo terrenal, al cual dotaban de unas cualidades extraordinarias que no eran propias de su naturaleza, sino otorgadas graciosamente por los dioses. Hay que tener en cuenta que la palabra *dios* tiene un sentido mucho más amplio en la lengua egipcia que la rigurosa interpretación moderna. Podemos decir que en todos los contextos, el término dios egipcio está relacionado con el poder mágico y los egipcios se encontraron más seguros y arropados haciendo a sus reyes partícipes de la magia divina, a pesar de verlos nacer, comer, reproducirse y morir como cualquier hombre mortal.

Akenatón no sobrepasó los parámetros divinos de los reyes anteriores. Siguiendo los epítetos tradicionales del rey de Egipto, en las tumbas de Amarna empezadas con anterioridad al año nueve los súbditos le llaman *mi dios* o *el buen dios*. Pero, a partir de la radicalización religiosa de ese año, parece que el rey advierte la confusión mental que provocaba las múltiples interpretaciones de la palabra dios, por lo que trató, intencionadamente, de suprimirla de cualquier texto. El rey reemplaza en sus títulos el *buen dios* por *buen soberano*, dando a entender que no quería ser tomado por un dios sino por un gobernante e indicando su subordinación jerárquica respecto al dios. Es verdad que las estelas familiares se encontrarían en un lugar destacado de casas particulares, bien en una hornacina o en alguna capilla edificada en el jardín. Pero su intención no era que los súbditos adoraran a los reyes como dioses, sino pedirles su intercesión como únicos intermediarios entre los hombres y la divinidad.

Para comprender las intenciones de Akenatón y comprobar que nunca se proclamó dios, vamos a fijarnos en las evidencias dejadas, pues suponen la manera deseada por él de ser visto por sus súbditos y por la posteridad. Lo primero que advertimos es un deseo de desmitificar la figura del rey. Veamos unos ejemplos. Los reyes de Egipto, salvo raras excepciones, siguieron siempre anclados en unos cánones fijos mostrando en su cuerpo y su rostro la abstracción intemporal de la eterna belleza y juventud. Akenatón desmitificó todos esos tópicos, e hizo representar su realidad física y humana, aun a expensas de que el artista acentuase sus características hasta la caricatura.

También huyó de lo eterno o intemporal prefiriendo dejar constancia de momentos concretos de su existencia. Por ejemplo, en las escenas familiares nadie está posando para la eternidad. El artista ha sabido captar el momento exacto en que una niña señala a Akenatón que besa a su hermana y el instante en el que Akenatón da un joya a su hija. Esos nimios accidentes son los verdaderos argumentos de las dos estelas. La eternidad para la filosofía amárnica era una sucesión de momentos concretos.

Cuando los demás reyes preferían situarse en el mundo irreal de los dioses y se representaban junto a ellos, ofreciéndoles, recibiendo la corona y el aliento de vida, en Amarna el faraón ofrenda a su dios desde la Tierra y, para enfatizarlo, se procura que el escenario material, es decir, el templo, esté presente en la escena. Hasta en la tumba real de Amarna el rey y la reina siguen ofreciendo desde el templo terrenal sin situarse en ese espacio desconocido, ese cielo imaginario en el que los dioses reciben a los reyes, en el Valle de los Reyes.

Los faraones se inmortalizaban cubiertos de insignias reales y elegían una posición estática, rígida, solemne, sentados en un trono sobre una tarima, con los *nueve arcos* bajo sus sandalias*, o de pie, erguidos, andando y avanzando la pierna izquierda. En Amarna los monarcas prefieren representarse sin ningún protocolo, en momentos en momentos y actitudes comunes a todos los mortales: comiendo, bebiendo o jugando con sus hijas.

Hay varias partes del cuerpo en las figuras reales tradicionales que, generalmente, se alejan de la realidad física para convertirse en meros soportes estables de la figura. Son las piernas rectas y robustas, los pies grandes y anchos y los cuellos recios, casi confundidos con la propia cabeza. Estas deformidades no están presentes en el arte egipcio porque los artistas no supieran esculpir un tobillo, un pie fino o un cuello estrecho, sino para presentar a la realeza como símbolo de firmeza y estabilidad. Los tobillos de Akenatón y Nefertiti se afinan produciendo un efecto de inestabilidad, pero infundiendo en los personajes un equilibrio conseguido por el esfuerzo de mantenerse en pie realizado por un ser vivo. Lo mismo ocurre con los cuellos, que se alargan de forma exagerada y generalmente avanzan hacia delante para contrapesar las inmensas coronas. El fino lino plisado de los faldellines y túnicas reales caía recto, aunque una pierna de los monarcas se desplazase hacia delante; es decir, no tenían en cuenta el movimiento de la tela al andar, lo que infundía a los personajes una estabilidad y tranquilidad dignas de la sagrada monarquía. Por el contrario, los linos de Amarna se mueven en abanico y se abrazan a las caderas formando unas líneas torturadas, intranquilizadoras, pero llenas de movimiento real de la persona representada.

Todo ello quiere decir que Akenatón y Nefertiti fijaron los límites de su poder en el mundo terrenal y los de sus personas en ser un hombre y una mujer, nunca un dios y una diosa, pero eso sí, elegidos por el dios para gobernar y hacer renacer diariamente el universo.

Integración de Nefertiti en la *teología* de Atón

Hemos hablado anteriormente de la participación de la reina en los dones divinos del faraón (ver *Posible explicación de la iconografía aplicada*. Capítulo III). El demiurgo, contenedor de los dos géneros creadores, se separa de ellos, creando su elemento masculino, el dios Shu, cuyo heredero era el faraón; y su elemento femenino, la diosa Tefnut, cuya contraparte terrenal era la reina. En algunas estatuillas de Amarna, Akenatón porta los símbolos de Shu mientras Nefertiti luce los de Tefnut. Así, la pareja real se representaba como la encargada de continuar en la Tierra la obra creativa del dios. Pero la participación de

la reina en las prebendas divinas no se limita a unas estatuas simbólicas, sino que ejerce de ritualista al igual que el faraón (ver *Nefertiti
ritualista en el templo de Atón en Karnak*. Capítulo III). Todos los
reyes de esta dinastía fueron Primeros Sacerdotes de todos los dioses,
aunque Akenatón fue el único dispuesto a ejercer su cometido hasta el
extremo de proclamarse único sacerdote de Atón. Ahora bien, incluyó
a Nefertiti como única sacerdotisa del culto divino, siendo la primera
reina que ofrece directamente al dios. Al ser la pareja real los exclusivos Sacerdotes de Atón, los particulares que ayudaban en las tareas del
culto no se llamaron sacerdotes sino *Servidores de Atón*. El cambio de
actitud puede deberse a tres motivos que combinaban perfectamente
con la política del rey. Por un lado, diferenciar el culto a Atón supri-
miendo la estructura sacerdotal propia de los demás dioses; en segundo
lugar, afianzar a la realeza en su relación íntima con la divinidad, intro-
duciendo a Nefertiti en el privilegio de entrar en contacto directo con
el dios; y por último, desposeer a la nobleza de posibles ascensos a
cargos clericales importantes y de interferir con demasiada indepen-
dencia en las riquezas templarias, ejemplo que había visto en Karnak.

Vemos que Akenatón se empeñó en restablecer la jerarquía tradicional Dios-Rey-Pueblo, pero convirtiéndola en Dios-Rey-Reina-
Pueblo. Éste puede ser el significado de una imagen repetida con énfa-
sis en todas las escenas reales de Amarna: Atón enviando sus rayos
terminados en manitas con el símbolo de la vida a la pareja real. Pero,
como estamos hablando de un reinado muy controvertido, hay quien,
por esta imagen, ha tachado la religión de Akenatón de restrictiva, alegando que estos rayos sólo llegaban a los reyes. Sin embargo el Himno
al Sol desmiente esta hipótesis aclarando: *Tus rayos abrazan la Tierra,
hasta el fin de lo que has creado*. Por otra parte, el hecho de que el dios
ofrezca el *anh** o símbolo de la vida solamente a la realeza está cons-
tatado en todos los tiempos, nunca ningún dios acercó el *anh* a algún
particular, siendo siempre un privilegio de la monarquía. Más bien
debemos pensar que esta iconografía quiere representar al rey y a la
reina como únicos receptores de los bienes del dios, que ellos tenían que
extender sobre la Tierra. La imagen de Atón, cuyas manitas tocaban a
los reyes, suponía una unión directa de Akenatón y Nefertiti con la divinidad de la que emanaba la vida, que fluía a los reyes como sus trans-
misores en el mundo terrenal.

Siendo Akenatón y Nefertiti los únicos receptores de los bienes divinos, y por tanto, los repartidores del bienestar y conservadores de la vida en la Tierra, la pareja reemplazó a Amón, enfocando la *piedad personal* hacia la monarquía sacralizada. Al rey se dirigen ahora las plegarias y es su propia voluntad la que hay que seguir, puesto que él es el único que conoce los designios divinos: *Puedas darme un buen funeral en las montañas de Akenatón...* (tumba de Meryra). Por supuesto, también los nobles en sus tumbas se dirigen a la reina pidiendo su intercesión para alcanzar el paraíso. Por ejemplo May dice: *Que ella otorgue sus favores, los establezca para siempre, y reúna los miembros con la alegría que ella es capaz de dar.* La reunión de los miembros se efectuaba en la momificación y era necesaria para alcanzar la eternidad. Panehesy le pide: *Que ella dé una entrada favorable (en la otra vida) y una bella salida (es decir un buen funeral).* Los súbditos parecen decirnos que el rey y la reina pueden concederles los medios necesarios para llegar a la eternidad, hecho tradicional, ya que el faraón fue siempre la única persona capacitada para conceder las tumbas y permitir el entierro y, siendo ambas cosas necesarias para la resurrección en el otro mundo, el rey se convertía también en el dador de la eternidad. Asimismo, los textos de ofrendas para los difuntos, aunque los manjares fuesen pagados por sus parientes, comienzan con la frase: *Una ofrenda que da el rey a...*, porque el rey era el único ser con el poder mágico para hacer que esas viandas depositadas o pintadas en la tumba sirvieran de alimento al Ka del difunto en el otro mundo. Pero puede que Akenatón fuera todavía más lejos en la reflexión de hacer al rey el dador de la otra vida, reemplazando a Osiris en el juicio final.

El famoso juicio de Osiris se había convertido en una patraña en la cual el propio fallecido engañaba a los dioses de la sala de la Verdad. El difunto se declaraba inocente afirmando no haber cometido los pecados reseñados y la sola recitación de esa confesión negativa era suficiente para ser absuelto de sus faltas. Pero todo ser humano incurre en alguna culpa durante su vida terrenal y el difunto temía que su corazón, lugar donde los egipcios situaron la conciencia, delatara las perversidades omitidas en la recitación e idearon la manera de acallarlo. Consistía en escribir una fórmula mágica sobre un escarabeo que se colocaba sobre el corazón de la momia; en ella se pedía a la víscera: ... *¡No digáis a propósito de mí: «Hizo aquello, en verdad». Con respecto a lo que hice, no os levantéis contra mí delante del Gran Dios, Señor de Occidente...* De esta manera el difunto conseguía acallar su conciencia y obtener la aprobación divina por medio de una sarta de mentiras. Comprobamos que la magia de las palabras dichas actuaba sin juzgar el comportamiento del individuo.

Ante tanta falsedad, puede que Akenatón, conjuntamente con Nefertiti, asumiera el papel de Osiris y juzgara a sus súbditos. La explicación la encontramos en la escena en la que el rey, la reina y a veces las princesitas, normalmente desde el Balcón de las Apariciones, condecoraban al difunto con unos collares formados por aros de oro que recibían el nombre de *collares de la recompensa*. La repetición sin exclusiones de este acto en absolutamente todas las tumbas de Amarna certifica su importancia y el tema puede tener un contenido trascendental.

La representación parece decirnos que el hecho más importante de la vida de los nobles era el momento en el que el rey y la reina les otorgaban los collares de oro en recompensa a sus acciones. En muchos casos ignoramos los actos merecedores del premio, omisión demostrativa de que lo verdaderamente importante, lo que había que inmortalizar en las paredes de la tumba, era el reconocimiento real. Este acto simbolizaba la buena conducta del difunto, pues si el rey, conocedor de sus actividades, le consideraba digno de otorgarle la recompensa, tenía que ser porque había obrado bien en su vida, luego sobraban las demás explicaciones. Pero además el rey era el intermediario de la divinidad, su representante en el espacio temporal del mundo y a quien el dios había encargado explícitamente hacer justicia a los hombres. Pues bien, si el juez de los hombres juzgaba que la vida del difunto merecía una recompensa, le estaba otorgando implícitamente la eternidad. Éste puede ser el mensaje que nos quieren transmitir estas representaciones. Hornung afirma: *La base ética para una bendecida vida en ultratumba es ahora la gracia y merced del rey que vive en Maat, y esto encarna para sus oficiales la línea maestra de su escala de justicia.* Aquí también encontramos en todas las representaciones a Nefertiti, como si el rey solo no fuera capaz de repartir los bienes de los dioses, simbolizados en los collares y, quizá, en este caso en la deseada eternidad.

El más allá

El mundo de ultratumba lleno de imaginación, desconocido y oscuro, no cuadraba con las ideas de claridad en las que la realidad cognoscible era la única fuente de verdad. Sin embargo, la existencia de una vida feliz, en la que el hombre inmortal podía gozar eternamente, era el pensamiento más arraigado en la sociedad egipcia desde su nacimiento, al que dedicaban gran parte de sus vidas y para el que acumulaban la mayoría de sus riquezas. En Amarna se siguió creyendo en la existencia de otro mundo más allá de la muerte. La novedad fue desbaratar el soñado paraíso, con su apasionante dosis de bienaventuranza desconocida, para convertirlo en una prolongación de esta vida sin ningún aliciente añadido. La noche significaba ahora la oscuridad y la muerte, desapareciendo el mundo subterráneo y oculto con toda su suntuosa e imaginativa parafernalia del viaje nocturno de Ra que regeneraba a los difuntos. El despertar de los muertos se realizaba al amanecer cuando Atón se elevaba en el horizonte, a la vez que lo hacían los vivos, los animales y toda la creación. En ese momento los *Ba** salían de sus moradas y vivían una vida similar a la conocida de los vivos: *Te levantas en tu tumba al amanecer para ver la salida de Atón. Te lavas y vistes como hacías en la Tierra.* Ya no existe el famoso *Campo de los Juncos** donde los difuntos conseguían cosechas extraordinarias, ni el *Campo de la Paz**, donde fijaban definitivamente su residencia entre las estrellas imperecederas. Los lugares por los que pasean ahora las almas son reales y tangibles en la ciudad de Amarna, visitando sitios amados y conocidos como el templo de Atón, el palacio del rey, sus casas y sus jardines. Ya en el *Amduat* y, anteriormente, en el *Libro de los Dos Caminos*, observamos un interés por plasmar la eternidad como una serie de secuencias enmarcadas en espacios materiales y temporales; los caminos del más allá estaban perfectamente definidos y las doce horas del día y de la noche, que constituían el viaje de Ra, sugieren una cadena repetitiva de momentos por lugares concretos, una sucesión infinita de acciones de ignorada duración, que formaban la eternidad. El soñado más allá amárnico concibe la eternidad como un conjunto de presentes precisos en los que cada difunto vivirá sus anécdotas personales.

158

Desconocemos todos los ritos fúnebres seguidos en Amarna, pues en ninguna tumba se hallan representados, paso a paso, como en las tebanas. Sin embargo, hay retazos en los textos y algunos relieves que indican una posible incompatibilidad entre las avanzadas teorías esbozadas en la teología atoniana y los ritos ancestrales incrustados por siglos en el alma egipcia. Vamos a comparar dos textos para apreciar las diferencias rituales. Dyehuty, que vivió en la época de Tutmosis III, nos dice cuál era el entierro ideal para un noble tebano: *Que te llegue un buen entierro en paz, después de haber completado los setenta días en la casa de la momificación. Entonces te situarán en un trineo arrastrado por tus rebaños. ¡Ojalá los caminos se abran al esparcir leche en ellos hasta alcanzar la entrada de la capilla de tu tumba! Que los hijos de tus hijos se reúnan en un círculo cerrado llorándote con cariño. Que tu boca sea abierta por el sacerdote lector y tus purificaciones realizadas por el sacerdote Sem...* Nada mejor que oír ahora el deseo de Ay en su tumba de Amarna: *Que puedas unirte con tu lugar de eternidad y que tu mansión eterna te reciba, tirando de ti los bueyes y teniendo un sacerdote lector frente a ti, purificando el catafalco con leche... Que él (el rey) te envíe al lugar de los favorecidos como aquel que ha completado sus días obrando el bien, estando tu tumba en fiesta cada día como cuando vivías.* Comprobamos la similitud exterior de la ceremonia fúnebre y las diferencias esenciales en cuanto a la celebración de los ritos. Ay no menciona la apertura de la boca, tan importante para la resurrección de acuerdo con la tradición, ni contempla la momificación.

Esto nos puede hacer pensar que la regeneración de lo meramente corporal era irrelevante en la teología atoniana y, por tanto, la conservación de la momia y su reanimación posterior ya no tendrían sentido. En este caso el rito del embalsamamiento sería innecesario en Amarna y por esto, en la cámara *gamma* de la tumba real, aparece el cuerpo de la princesa muerta tumbada en un lecho sin momificar y, en otra escena, los reyes lloran la muerte de su hija Meketatón ante una estatua de la niña y no ante su momia. Pero, suponiendo que Akenatón impusiera a su familia las avanzadas y realistas ideas sobre la inutilidad de conservar unos restos humanos que antes o después desaparecían, los textos y representaciones de las tumbas de los nobles nos muestran que sus súbditos no aceptaron tan drástica determinación y

159

no querían jugarse la eternidad por seguir la novedad impuesta por el rey. Tanto en las tumbas anteriores al año noveno como en las posteriores, se advierte la creencia en la necesidad de la resurrección carnal y la conservación de la momia. Donde mejor podemos constatarlo es en la tumba de Huya, única en la que aparece representada una momia de pie delante de una mesa de ofrendas.

Otra muestra de que la teología de Akenatón no supo romper las ataduras entre la materia y el espíritu o, al menos, que sus súbditos no llegaron a comprenderla, es la obsesiva demanda de ofrendas alimentarias reflejada en todas las inscripciones. Por ejemplo, Huya pide: *Que pueda comer pan, pasteles, panes de ofrendas, cerveza, carne asada, comida caliente, agua fresca, vino, leche y todas las cosas que salen de la Mansión de Atón en Aketatón.*

Por otro lado, en los enterramientos de esta época encontramos la convivencia pacífica de ideas dispares. Por ejemplo, los amuletos debieron de seguir siendo utilizados, como lo demuestran dos escarabeos del corazón pertenecientes a esta época. En el lugar de los sortilegios mágicos vistos más arriba, se inscribía un texto de ofrendas, pero su sola presencia indica que el difunto seguía temiendo a su propia conciencia. Otro contrasentido es la utilización de *shauabty** en los entierros, hasta de la familia real; no sabemos qué utilidad tendrían estas estatuillas, cuya finalidad era ayudar al difunto cuando tuviera que trabajar en los campos de Osiris, si estos campos ya no existían. Sin embargo, han llegado hasta nosotros tres ejemplares muy curiosos, dos de ellos pertenecientes al coro femenino de Atón. Uno se encuentra en el Museo Metropolitano, tiene apariencia momiforme, no lleva inscripción y perteneció a *la Cantante de Atón, Isis, justificada*; vemos que, a pesar de su relación con el dios único, no se vio obligada a cambiar su nombre de una diosa olvidada. El otro está en el Museo Británico y es todavía más sorprendente, pues tiene grabado el texto convencional del Libro de los Muertos, desterrado en Amarna, y se llama a la difunta *la Osiris Hatsheret, Cantora de Atón*. La mezcla de Osiris con Atón demuestra la confusión mental sembrada en las gentes por las nuevas teorías. Puede que las aparentes contradicciones se hubieran solucionado con el tiempo, pero la brevedad del periodo en el que se pusieron en práctica no permitió su completa asimilación.

Las ideas de Akenatón debieron de pasar desapercibidas para la mayoría de los habitantes del País del Nilo. Especialmente la vida de ultratumba no parece que entusiasmase a nadie, prueba de ello es la rápida desaparición de sus creencias y el retorno a las complicadas ceremonias fúnebres, celebradas incluso a la muerte de sus sucesores más directos.

La *filosofía de la naturaleza* transmitida a través del arte

A lo largo de este relato hemos visto diferentes relieves y estatuas de la iconografía real que nos han transmitido mensajes sobre diversos aspectos de la ideología amárnica. Hemos comprobado que la mayor originalidad en la *filosofía* de Akenatón es la aplicación a todas sus propuestas de la realidad visible, tomada en escenarios materiales y momentos concretos. Ahora vamos a ver cómo esta misma idea sirvió de hilo conductor en los mensajes expresados en las tumbas de los nobles.

Las biografías de los nobles de Amarna nos narran actos precisos acaecidos a su persona como ser individual, en vez de contarnos su trabajo como la labor genérica desempeñada por muchos individuos a lo largo del tiempo, como es el caso de las tumbas tebanas. El hombre dejó de ser el trabajador de un oficio o un funcionario con un cargo determinado para convertirse en un ser particular con vida propia y anécdotas personales. Estas pequeñas notas distintivas son, a veces, escenas secundarias y a través de ellas deducimos el mensaje que quieren transmitirnos.

La narración que Mahu, jefe de la Policía de Amarna, nos hace de su vida, se limita a una noche definida en la que le despertaron unos soldados avisándole de la presencia de unos malhechores rondando por el desierto. La escena siguiente nos muestra a Mahu entregando esos malhechores al visir. El relato deja que nos imaginemos la escena principal, Mahu corriendo en su carro por el desierto y deteniendo a los malhechores. Esa escena hubiera representado el trabajo genérico del jefe de la Policía, siempre vigilante para mantener el orden de la ciudad, tarea que, detrás de él, sería cumplida por otra persona. Mahu ha preferido describirnos su quehacer en Amarna por medio de un acontecimiento real, vivido por él como ser individual, en un día determinado. Para ello ha tenido que limitar su crónica a dos escenas secundarias: el principio y el final feliz.

Este método de comunicación indirecta se aprecia también en la literatura de la tumba de Ay. En una escena, vemos cómo Ay es condecorado por Akenatón, la imagen es tan clara que no necesita comentario escrito. Terminada la ceremonia Ay sale a los jardines de palacio, donde es felicitado y alabado por sus amigos, organizándose gran alboroto. En una franja pequeña encima de esta escena se representa lo que acontece en el exterior del palacio. Se ve a unos centinelas y a la gente que pasa por la calle. Pues bien, por medio de esta escena secundaria y de una conversación indirecta, Ay nos confirma por escrito el acontecimiento de su condecoración. Oigamos lo que decían esas gentes: un centinela, curioso por el jaleo que oye, pregunta a un chiquillo que viene de la puerta de palacio: *¿Por quién están gritando, niño?* Y el niño contesta: *Por el divino padre Ay y su esposa Tia, han sido hechos gentes de oro,* manera graciosa de decir: condecorados con oro. El centinela contesta: *Fíjate bien en estas cosas, son las mejores de la vida.* Otro centinela no puede reprimir su curiosidad y dice a otro crío: *Corre y mira lo que está pasando. Anda, date prisa y cuéntamelo.* El crio dice: *Allá voy corriendo.* Un amigo pregunta al tercer centinela: *¿Por quién se celebra esta fiesta?* El centinela contesta: *Levántate y verás qué buena cosa ha hecho el faraón. Ha colmado de oro por millones a Ay y a Tia.* Por último, un criado que estaba cuidando los enseres de su señor le dice al que está a su lado: *Echa un vistazo sobre la silla y el saco, que voy a ver lo que está ocurriendo al divino padre Ay.* El otro contesta: *Ven pronto que si no me largo y se lo llevó todo a mi jefe.* Esta charla que quiso reflejar la temporalidad de un instante, ha resultado ser eterna, pues conserva, a través de los siglos, toda la frescura de un momento de la vida de Amarna.

En Amarna es la primera vez que se diseñan grandes cuadros sobre un único tema, cada pared es una sola composición que sigue el movimiento instantáneo de cada personaje. Los sucesos narrados se desarrollan cronológicamente, en tiempos consecutivos y reales, huyendo de las representaciones anteriores, en las que veíamos juntas la siembra y la siega, faenas entre las que median cuatro meses. Los grandes conjuntos están perfectamente ambientados dentro de un espacio físico bien definido, con calles, casas, patios, barcos atracados,

162

caballos y cocheros esperando la salida de sus dueños, supervisores y guardias hablando, vigilando y dando órdenes. El movimiento y la actividad de multitud de pequeños personajes secundarios, afanados en sus quehaceres, ayudan a sentir los tiempos precisos de su actuación. En una pared de la tumba de Meryra, dedicada a la visita de los reyes al templo, los soberanos salen de palacio, vemos en la esquina izquierda a los criados haciendo las faenas domésticas y a dos guardianes hablando entre sí. Los carros de los reyes van por la Calzada Real, seguidos de los carros de las princesas y acompañados de todos aquellos que toman parte en el acto. En la siguiente pared, haciendo ángulo con ésta, están los reyes ya dentro del templo ofreciendo a Atón. Es decir, el episodio de la visita al templo está completamente detallado, situando en los escenarios reales cada uno de los momentos consecutivos de su duración. Este sistema de relato plástico será aprovechado posteriormente por Ramsés II cuando nos hablaba de la batalla de Qadesh y por Ramsés III para contarnos sus guerras con los pueblos del mar.

Es verdad que los temas se repiten con frecuencia en las tumbas de los nobles, pues todos siguen las mismas teorías y dan importancia a los mismos hechos; pero no existe ninguna escena igual a otra, lo que exigía al artista una constante búsqueda de novedad y una renovación permanente de detalles diferenciales que personalizaran cada suceso vivido individualmente por cada difunto. Los artistas amárnicos fueron capaces de ofrecernos una nueva visión del mundo en el que vivían y lograron introducir en él al espectador, que puede seguir paso a paso los acontecimientos narrados plásticamente. Las novedades técnicas, el cambio en el lenguaje plástico, la vitalidad y la perfección alcanzadas en los retratos y tantas y tantas cosas que aquellos hombres aportaron al arte egipcio se siguieron viendo a través de los siglos. En mundo del arte egipcio hay un antes y un después de Amarna.

EPÍLOGO

Hemos revisado unas páginas de la historia de Egipto, ese periodo limitado en el que el Sol brillaba en el desierto mientras en la Tierra soplaban ideas renovadoras que no fueron comprendidas por los hombres. Egipto pasaba por una situación difícil y delicada tanto en el exterior como en el interior del país. Quizá no fue el momento propicio para que subiese al trono un rey que creía tener la solución de todos los problemas y que se consideraba capaz de remozar con nuevos aires los principios políticos, sociales y religiosos de una tradición milenaria. Desde el primer momento Amenofis IV-Akenatón presentó unas ideas claramente definidas y un sistema metódico de actuación perfectamente planificado. Los fines políticos iban encaminados a engrandecer la monarquía egipcia devolviéndole su prestigio y sus prerrogativas. La finalidad social fue establecer la jerarquía tradicional: dios-rey-humanidad, colocando en su sitio a la engreída nobleza y aumentando la participación y capacidad individual del pueblo. En el plano *filosófico* Akenatón introdujo cambios drásticos por tomar a la verdad cognoscible como única fuente de conocimiento. La política exterior fue desatendida y la economía fracasó.

La vitalidad inicial y la firmeza del soberano en la sistemática ejecución de sus proyectos debieron de crear una fuerte oposición de los nobles y los cleros de los distintos dioses. El rey decidió abandonar Tebas, hacer un esfuerzo de gigantes y levantar en un páramo el bello Horizonte del Sol. Este aislamiento en Amarna fue un error pues difícilmente podría hacer frente el monarca a esas camarillas abandonando los lugares conflictivos y encerrándose en su quimérico castillo con un grupo de hombres afines. Pero permitió al rey desarrollar sus proyectos sin intromisiones. Amarna cumplió fielmente el programa ideológico, arquitectónico, artístico y administrativo trazado por Akenatón.

Fue una ciudad suntuosa y sibarita, con un alto nivel de vida y una libertad individual y económica nunca conseguidas hasta entonces; se adoraba públicamente a un solo dios, lo que limitaba las discusiones, pero se mantuvo una gran actividad intelectual: desarrollando las nuevas ideas religiosas, investigando nuevas técnicas arquitectónicas y métodos artesanales, favoreciendo las artes y la poesía; se comenzó a dar importancia a la lengua vulgar y se impartía la enseñanza de idiomas extranjeros. Sin embargo, Amarna, la bella Amarna, se redujo a un ensayo altruista que nunca llegó a salir de sus límites y que tuvo una existencia muy corta y limitada.

La radicalización religiosa empezó a generar problemas hasta en las esferas íntimas del rey. Al subir Akenatón al trono, los *teólogos* egipcios andaban durante siglos por caminos intrincados tratando de acoplar los dioses de cada lugar con las creencias del más allá, los progresos científicos de cada momento y las necesidades políticas de cada rey. Los mitos estaban en la religión formando parte de un mundo de imágenes riquísimo en personajes, aventuras fantásticas y magia actuada por poderes divinos. Lo de menos era la interpretación minuciosa y puntual de cada hecho o personaje. Los hilos intelectuales podían mover cualquier figura a una postura diferente sin desprestigiar la anterior escena, podían sugerir interpretaciones distintas sin que el tema sufriera el menor menoscabo. Dentro de la gran verdad cabía una disparidad de verdades parciales que no rompían su armonía.

Pero llegó Akenatón y quiso limpiar el panorama de figuras secundarias y construir un camino recto que unía al hombre con el Sol. Y los egipcios que lo percibieron se deslumbraron con esa fuerte luz que mostraba un universo pequeño, descarnado, sin recovecos donde cobijar una esperanza; y unas creencias tan simples que limitaban el horizonte de sus fantasías a la cruda realidad. Prefirieron refugiar sus vidas en una historia con muchos protagonistas y en un paisaje lleno de rastrojos que proyectaban sombras fantásticas con las que poder soñar. Poco a poco el pueblo fue alejándose de aquel rey que, encerrado en la bella ciudad de Amarna y adorando a su dios Atón, no le proporcionaba el bienestar deseado. El entusiasmo inicial se fue apagando, hasta en los familiares más cercanos del faraón, puede que en la misma Nefertiti. Al final del reinado, Akenatón debió de quedarse completamente solo. Los sacerdotes volvieron a mover los hilos de los personajes divinos para cubrirse de nuevo con la magia, misteriosa señora llena de poder. Los egipcios se volvieron a rodear de seres sobrenaturales que llegaban allá donde el hombre no alcanzaba y las ideas innovadoras de un rey renovador que *durante unos pocos años anticipó el modo de pensar occidental* (Hornung 1995) redundaron en un absoluto fracaso.

Vamos a acabar este libro hablando de su protagonista. A lo largo de todo este periodo histórico hemos visto siempre a la Gran Esposa Real, Neferneferuatón Nefertiti, al lado del rey. Hemos tratado de exponer lo poco que sabemos de ella, a pesar de ser una de las reinas más representadas del mundo antiguo. Vivió en un mundo difícil y hostil a sus ideas. Se encerró con su familia en una ciudad ideal y desde allí luchó por establecer una doctrina clara en la que ella adquirió una importancia extrema al ser un elemento imprescindible para la humanidad. Vamos a resumir los símbolos de poder que hemos ido comprobando.

Peculiaridades que relatan su grandeza:
El trono de la reina tiene los emblemas del Alto y Bajo Egipto y no el del rey.
Atón está sobre la reina en vez de en el centro de la escena.

Aparece con atributos de rey:
Porta el cetro *Sekem* en la tumba de Mahu.
Lleva el cetro *Kerep* como el rey en la sala alfa de la tumba real.
Aparece con corona *Atef,* en la tumba de Panehesy y también en la tumba de Ay.

Es la primera reina:
Que se representa en la actitud faraónica de machacar a los enemigos de Egipto con la maza ritual.
Que ofrece directamente al dios tanto en el templo de Karnak como en los relieves de Amarna.
Que abraza el sarcófago del rey como lo hacían las diosas.

Es la única reina:
En llevar el título de Señora de las Dos Tierras, sin ir precedido de Gran Esposa Real.

En tener un templo donde es la única ritualista: el *Benben* del templo de Atón en Karnak.

Al final del reinado, quizá advirtió a tiempo que el camino claro y limpio alumbrado por el Sol se quedaba vacío y quiso salvar la monarquía con un retorno a Amón. Nadie supo apreciar su esfuerzo, nadie volvió a nombrarla; machacaron su nombre y sus imágenes, destrozaron su ciudad y nos privaron de saber dónde fue enterrada. Por el momento hay diferentes conjeturas sobre su momia con pocas probabilidades de ser ciertas. La reina que daba vida al pueblo y otorgaba la eternidad, la que machacaba a los enemigos de Egipto y lucía la regalía del poder faraónico, esa bella reina se perdió para la historia durante siglos.

Pero su reencuentro asombró al mundo, resucitó para ser admirada y los arqueólogos buscan con afán cualquier rastro de su persona. Quizá, si pudiera, nos agradecería esta lectura pues, al recordarla, la hacemos perdurar en el tiempo, la introducimos en nuestro siglo, reparando el olvido al que la sometieron sus sucesores. Leyendo su historia le otorgamos un trozo de esa eternidad que tanto deseaba.

GLOSARIO

AKETATÓN.- En egipcio significa «el Horizonte del Sol», es decir, el lugar donde habitó Nefertiti.

ANH.- Es una llave símbolo de la vida que los dioses otorgaban a los faraones y éstos llevaban frecuentemente en la mano.

ALTO Y BAJO EGIPTO.- El Alto Egipto se extendía por el Valle del Nilo desde Menfis hasta Elefantina y tenía 22 *nomos* o provincias. El Bajo Egipto comprendía el Delta y Menfis y se componía de 20 *nomos*. A pesar de la temprana unificación del país bajo un solo soberano, los reyes se hacían coronar en los dos Egiptos con dos coronas diferentes: la corona blanca del Alto Egipto, cuya patrona era la diosa-buitre Nekbet, y la corona roja del Bajo Egipto, cuya patrona era la diosa-cobra Uadyet. El rey del Alto y Bajo Egipto era también llamado Señor de las Dos Tierras o del las Dos Riberas, siguiendo esa dualidad territorial.

BA.- Es una de las partes inmateriales del ser humano. Generalmente se representa como un pájaro con cabeza humana, dada la movilidad que poseía. El *Ba* salía y entraba de la tumba, visitaba la Tierra y viajaba en la Barca de Ra. Ver *Ka*.

CAMPO DE LOS JUNCOS.- Era el primer lugar adonde llegaban las almas en el paraíso después de pasar el juicio de Osiris. Había canales y tierras cultivables donde se obtenían unas cosechas fabulosas.

CAMPO DE LA PAZ O DE LAS OFRENDAS.- Estaba comunicado con el campo de los Juncos y allí fijaba el difunto su residencia definitiva, aunque las almas de los bienaventurados tenían movilidad por el otro mundo y hasta podían venir a visitar los lugares queridos en la Tierra.

CARTELA.- Es un óvalo terminado en un línea horizontal en la parte inferior, también llamado *cartucho*, en el que se encerraban el nombre y el prenombre de los faraones y el nombre de algunas reinas.

DOS TIERRAS.- Ver Alto y Bajo Egipto.

DUSU.- Color desconocido.

ELECTRO.- Aleación de oro y plata utilizada por los egipcios, cuyo componente de plata debía de ser superior al 20 %. Era un metal muy apreciado con el que cubrían la parte alta de los obeliscos y algunas partes internas de los templos.

FILÉ.- Se denomina con el nombre griego de *filé* a unos grupos de 10 personas que trabajaban por turnos en los templos. Generalmente cada grupo desempeñaba las tareas durante 1 mes al año.

HILIBA.- Piedra no identificada.

KA.- La representación del *Ka* es dos brazos doblados hacia arriba. El *Ka* y el *Ba* son términos de difícil traducción en castellano. Normalmente a la primera se le da el significado de *Fuerza Vital* y a la segunda, el de *Espíritu* o ser individual de cada persona.

MINA.- Unidad de peso, aproximadamente 500 kg, empleada para valorar oro y plata en las cartas de Amarna.

NEMES.- Tocado muy antiguo portado por los reyes de Egipto y que consiste en un pañuelo rayado ajustado en la frente y anudado detrás formando una especie de cola; a cada lado de la cara cuelgan dos bandas.

NUEVE ARCOS.- Aunque a veces el número variaba, la frase significa los enemigos de Egipto. Se representan como prisioneros maniatados encerrados en cartelas con el nombre del país, incluido el Alto y Bajo Egipto.

OIPE.- Es una medida empleada principalmente para el grano, también se denomina *Hekat* y su cantidad es aproximadamente 4,5 litros.

OPET.- Fiesta que se celebraba en Tebas a partir de principios de la dinastía XVIII. Consistía en una procesión de las barcas de la triada tebana desde Karnak a Luxor, templo reconstruido por Amenhotep III, especialmente, para este acontecimiento.

PILAR DYED.- Pilar con, al menos, tres barras cruzadas, utilizado como amuleto desde el predinástico. Significaba estabilidad.

PRENOMBRE.- Los reyes egipcios tenían cinco nombres pero los dos más conocidos son el prenombre, el cual era elegido por el soberano en el momento de la coronación, y el nombre, que es por el que normalmente se les conoce y les era impuesto al nacer.

SED.- Festival que tenía como objeto el rejuvenecimiento del faraón. Se tienen evidencias de su celebración desde el rey Den de la primera dinastía. En su tumba de Abydos se encontró un trozo de marfil en el que ya se representa la carrera ritual, los símbolos de definición de los límites territoriales y el rey sentado en un pabellón, ritos que formarán parte del festival en todos los tiempos (hoy se encuentra en el Museo Británico). El rey Dyeser, de la tercera dinastía, incorpora a su templo funerario un gran patio y varias construcciones propias del festival. En la dinastía XVIII, los festivales Sed mejor documentados son los de Amenofis III, que realiza variaciones sobre los primitivos.

SHAUABTY.- Este nombre se usó en esta dinastía para las figurillas, más conocidas por el nombre de *Ushebty*. Por medio de una fórmula mágica que llevaban inscrita, se debían presentar voluntarias si en el otro mundo se demandaba al difunto hacer algún trabajo incómodo.

SHEKEL.- Unidad de valor, parte de una mina, en idioma acadio, utilizada en los intercambios internacionales.

SISTRO.- Es un instrumento musical, parecido a una carraca metálica, relacionado con la diosa Hathor. Las damas lo hacían sonar en ceremonias religiosas o delante del difunto o faraón para excitar la sexualidad.

UADI.- Se conoce con el nombre de Uadi a los caminos trazados naturalmente por la erosión del terreno, a causa de lluvias torrenciales o desecación de algún río.

VENTANA DE LAS APARICIONES.- Estructura en forma de balcón desde donde los reyes condecoraban y hacían regalos a sus súbditos. Puede que existiera con anterioridad, pero fue en Amarna donde se popularizó y posteriormente las encontramos en los templos funerarios de algunos reyes como en el Rameseum y Medinet Abu. Dada la diversidad decorativa que aparece en las tumbas de los nobles, suponemos que en el Horizonte del Sol existían varias de esas ventanas.

PRINCIPALES DIOSES

Amón.- Dios tebano, representado con forma humana y una corona formada por dos altas plumas. Oscuro hasta el Reino Medio y muy importante en la dinastía XVIII, cuando consigue una perfecta sincretización con Ra.

Anubis.- Se manifiesta como chacal. Es el *Señor de la Necrópolis* y *el que está en las vendas*, como jefe del embalsamamiento.

Atón.- Su representación más popular consiste en un disco solar con largos rayos acabados en manitas. Esta iconografía se popularizó en el reinado de Akenatón, siendo la expresión material del dios invisible.

Atum.- Aspecto del dios Sol como creador y Señor Universal. Tiene forma humana y lleva la doble corona real.

Bastet.- Se representa como una dulce gata. Según la leyenda, es la diosa Hathor pacificada por el dios Tot para que no destruyera a la humanidad.

Gueb.- Dios de la Tierra, separado por el dios Shu, el aire, de su esposa Nut, el cielo.

Hathor.- Diosa con forma de vaca. Una de las grandes diosas madres y esposas de Ra, que llega a sincretizarse con casi todas las divinidades femeninas. En el mundo terrenal era la diosa de la alegría y el amor; en el más allá era *la que está en la montaña occidental* para recibir y proteger a los difuntos.

Horus.- Generalmente es un halcón, pero a veces se representa como un niño con el dedo en la boca, indicando su eterna juventud. Hijo de Isis y Osiris, heredero de la realeza, por lo que porta la doble corona. Patrón de la monarquía egipcia.

Isis.- Hija de Gueb y Nut, hermana-esposa de Osiris, madre de Horus. Se adorna con el jeroglífico de trono como corona. Es otra gran diosa madre que también se asimila a muchas divinidades femeninas del panteón.

Konsu.- Hijo de Amón y Mut. Figura momiforme con una coleta lateral propia de los jóvenes y un creciente disco lunar en la cabeza; a veces tiene cabeza de halcón.

Maat.- Hija de Ra, diosa de la justicia y el orden cósmico. Es una mujer con una pluma de avestruz sobre la cabeza. Aunque tenía su culto, el concepto de armonía, estabilidad e integridad social que representa, tuvo mucha más fuerza que la propia divinidad.

Mut.- Esposa de Amón y madre de Konsu. Puede representarse como una mujer con la doble corona, con cabeza de leona o como un buitre. La palabra Mut significa madre y se identifica con las demás diosas madres. Tuvo un gran santuario en Karnak.

Neftis.- Su nombre deriva de *nebet hut*, que significa *Señora de la Casa*. Fue hermana de Isis y Osiris y hermana-esposa de Set. Está muy unida a Isis y al mundo funerario.

Nekbet.- Es la diosa buitre, patrona del Alto Egipto. Protectora de la realeza, a la que cubre con sus grandes alas; compañera de la diosa serpiente Uadyet.

Nun.- Representa a las aguas primordiales en donde nació el dios Sol. Por tanto Nun es el padre del creador. Generalmente su iconografía es un hombre alzando con sus brazos la barca solar.

Nut.- Diosa del cielo; la encontramos con forma de mujer arqueada cuyas manos y pies tocan el suelo. A veces tiene el cuerpo cubierto de estrellas o trasluce el disco solar discurriendo en su interior para darle a luz al amanecer.

Osiris.- Hombre de color verde envuelto en un sudario blanco con las manos en el pecho portando el cetro y el flagelo reales. Lleva una corona cónica con dos grandes plumas laterales. Representa la fecundidad y resurrección y es el rey del paraíso, ante quien los difuntos son juzgados.

Ptah.- Dios de Menfis, de forma momiforme portando el pilar Dyet y el cetro *Uash*. Se unifica con la colina primigenia llamándose Ptah-Tatenen para integrarse en la creación. En el mundo funerario se sincretiza con los dioses del más allá formando la divinidad Ptah-Sokar-Osiris. Se le considera inventor de la artesanía y patrón de los artesanos.

Ra.- Es un halcón con el disco solar en la cabeza. Representa al dios Sol en su plena potencia. En su viaje nocturno tiene cabeza de carnero con cuernos ondulantes horizontales, queriendo significar que es el Ba o *espíritu* del dios quien desciende para unirse con su momia, Osiris, formando por un corto tiempo un solo dios. (Este tipo de carnero es un jeroglífico que se lee Ba.)

Sekmet.- Su nombre significa *la poderosa*. Es una terrible leona enfurecida, sincretizada con la enfurecida diosa Hathor en la leyenda de la destrucción de los hombres. Esposa de Ptah. Debía librar a Egipto de la peste, la guerra y las catástrofes naturales. Amenofis III mandó esculpir cientos de Sekmet que portan una letanía protectora.

Selket.- Diosa escorpión, es la que facilita la respiración al niño al nacer para vivir y al difunto al morir para resucitar. Aparece abrazando los sarcófagos de los reyes.

Set.- Hermano y asesino de Osiris. Es el señor del desierto estéril, en oposición a Osiris, que representa el valle y la fertilidad. Eterno enemigo de Horus, sin embargo, se une a él en el *sematauy*, símbolo de la unión del Alto y el Bajo Egipto. Es, por tanto, un dios contradictorio que tan pronto se identifica con la maldad como defiende a Ra en su barca nocturna. Aparece en la nomenclatura de los reyes, especialmente en la dinastía XIX.

Shu.- Dios del aire y la atmósfera, que separa el cielo de la Tierra con sus brazos. Puede representarse en forma de león o de hombre con una pluma de avestruz en la cabeza y, a veces, unas altas plumas rectangulares. Su importancia radica en ser el elemento masculino del Dios Creador.

Tefnut.- Es una leona con el disco solar sobre la cabeza o una dama con alto *casco*. Elemento femenino del Dios Creador, nació, junto con Shu, cuando el creador separó de sí mismo los géneros masculino y femenino.

Tot.- Se representa con forma de ibis o babuino. Lleva sobre la cabeza la luna creciente y su disco. Es el mensajero de Ra que anota y transmite todas sus órdenes. Dios de la sabiduría, inventor de las lenguas, poseedor de toda la ciencia y de la magia divina y juez que pesa el corazón del difunto, anotando cuidadosamente su sentencia.

Uadyet.- Diosa cobra, patrona del Bajo Egipto. Figura siempre sobre la frente de reyes y reinas, bajo el nombre de *Úreo*, defendiéndolos de sus enemigos con su aliento de fuego.

BIBLIOGRAFÍA

A lo largo de este relato hemos ido anotando las principales obras de arqueólogos y estudiosos de los diferentes aspectos del periodo. amárnico. Hay que tener en cuenta que sobre este tema Martin recopiló 2.013 títulos en 1991, que publicó con el nombre *A Bibliography of the Amarna Period and its Aftermath: The Reigns of Akhenaten, Smenkhkarê, Tutankhamun and Ay.* Desgraciadamente de este arsenal bibliográfico hay poco traducido en español. A continuación resumimos algunos títulos interesantes.

ALDRED, C.: *Akhenaton, Faraón de Egipto*, Madrid,1989.
ARNOLD, D.: *The Royal women of Amarna*, Nueva York, 1996.
CIMMINO, F.: *Akhenaton e Nefertiti*, Milán, 2002.
FREED, R. et al.: *Pharaohs of the Sun,* Reino Unido 1999.
KEMP, B.J.: *El antiguo Egipto. Anatomía de una civilización.* Barcelona 1992.
REDFORD, D.: *Akhenaten, the Heretic King*, Princetown, 1984.
REEVES, C.N.: *El falso profeta de Egipto, Akhenatón,* Madrid, 2002.
TYLDESLY, J.: *Nefertiti, Egypt´s Sun Queen,* Reino Unido, 1998.
WATTERSON, B.: *Amarna, Ancient Egypt´s age of Revolution,* Reino Unido, 1999.

ANEXOS

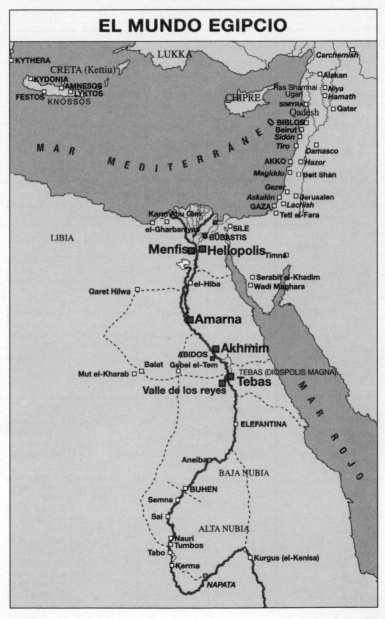

CRONOLOGÍA COMPARADA DE LA DINASTÍA XVIII EGIPCIA

E=Egipto; M=Mitanni; H=Hatti; B=Babilonia

FECHA	EGIPTO	MITANNI	HATTI	BABILONIA	ACONTECI-MIENTOS
1600	Hicsos		Llegan los hititas a Anatolia.	Establecimiento de los casitas en Babilonia.	Aparición de los hurritas en Siria.
	SEQENENRA-TAO KAMOSE AHMOSE	Confederación de reinos hurritas, se funda el reino de Mitanni.	LABARNA HATTUSHILI I MURSHILI I	Los casitas se apoderan del trono	E. Expulsión de los hicsos. H. Fundación de Hattusha. H. Invade Babilonia.
1550	AMENOFIS I TUTMOSIS I TUTMOSIS II	KIIRTA? PARRATTARNA	Periodo inestable.	ARGUM II BURNABURIASH I	E. Llega al Éufrates.
1500	HATSHEPSUT TUTMOSIS III	SHUTTARNA I PARSATATAR SAUSHTATAR	Periodo inestable. TELEPINU	KASTILIASH ULAMBURIASH ARGUM III	H. Decreto de Sucesión. M. Conquista Siria. E. Establecimiento de las colonias asiáticas.
1450	AMENOFIS II TUTMOSIS IV AMENOFIS III	ARTATAMA SHUTTARNA	TUDKALIYA I Nueva dinastía. ARUNWANDA I TUDKALIYA II	KURIGALZU KADASHMAN-ENLIL	M. Saqueo de Asiria. H. Incursión en Siria. E-M. Se dividen Siria. B. Construcción capital Dur Kurigalzu.
1400	AKENATÓN TUTANKAMÓN	ARTASHUMARA TUSHRATTA ARTATAMA	SHUPPILULIUMA	BURNABURIASH II	E-M. Rompen relaciones que reanuda Tushratta. M-H. 1ª Guerra Siria. E. Cambios de Amarna; colonias revueltas. M-H. 2ª Guerra Siria; derrota de Mitanni ASIRIA: Aparece Ashshur-Uballit; relación con Egipto; se apodera del Sur del Reino de Mitanni. H. 3ª Guerra Siria.

FECHA	EGIPTO	MITANNI	HATTI	BABILONIA	ACONTECI-MIENTOS
				KARA-HARDASH	B. Matrimonio del rey con hija de Ashshur- Uballit de Asiria. B. El rey muere asesinado.
1350	AY HOREMHEB	SHATTIWAZA (Kurtiwaza)	ARUNWANDA II MURSHILI II (hijos de Shuppiluliuma)	KADASHMAN-KARBE KURIGALZU	M. Vasallo hitita. B. Nieto de Ashshur-Uballit, derrotado por Enlil-Niray de Asiria H. Crónicas de Shuppiluliuma. B. Es conquistada por Tukulti Ninurta de Asiria.

181

Nota: cursiva=esposas secundarias; <u>subrayadas=Grandes Esposas Reales que no fueron hijas de rey;</u> **en negrita=Grandes Esposas Reales, Hijas de Rey.** - - - - =Posible pero no seguro.

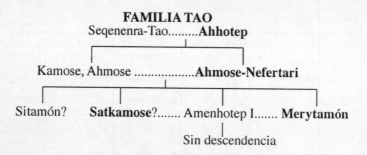

FAMILIA TAO

Seqenenra-Tao.........**Ahhotep**

Kamose, Ahmose ....**Ahmose-Nefertari**

Sitamón?   **Satkamose**?....... Amenhotep I....... **Merytamón**

Sin descendencia

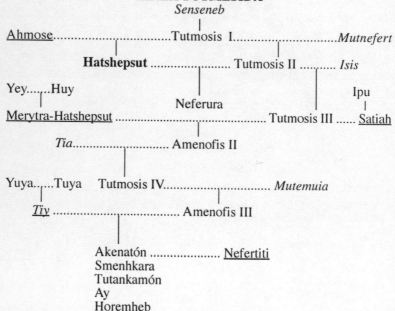

LINEA TUTMÉSIDA

Senseneb

<u>Ahmose</u>.....................................Tutmosis I.............................*Mutnefert*

Hatshepsut .... Tutmosis II .... *Isis*

Yey.......Huy

Neferura   Ipu

<u>Merytra-Hatshepsut</u> .... Tutmosis III ...... <u>Satiah</u>

Tia............................. Amenofis II

Yuya.......Tuya   Tutmosis IV................................. *Mutemuia*

Tiy .... Amenofis III

Akenatón .... <u>Nefertiti</u>
Smenhkara
Tutankamón
Ay
Horemheb

ANEXO 3-A. PLANOS DE AMARNA

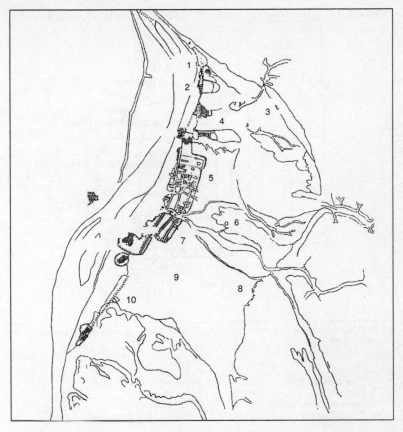

PLANO DE AMARNA: Adaptación del plano de P. Timme: *Tell el Amarna vor der deutschen Ausgrabung in Jahere*, 1911.

1 Palacio residencial	6 Aldea de los trabajadores
2 Palacio Norte	7 Casa de Nakt
3 Tumbas Norte	8 Tumbas Sur
4 Suburbio Norte	9 Kom el Nana
5 Ciudad Central	10 Maru Atón

ANEXO 3-B.

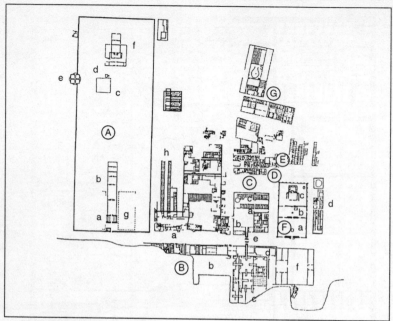

PLANO CIUDAD CENTRAL: Adaptación del plano de Aldred: *Akhenaaten and Nefertiti,* 1973, página 23.

A Gran Templo:
    a Casa de Regocijo
    b Gempaatón
    c Carniceria para sacrificios
    d Piedra Benben

    e Entrada real al Santuario
    f Santuario
    g 920 mesas de barro
    h panaderías y almacenes

B Palacio Ceremonial
        a Palacio de ladrillo
        b Patio Central
        c Salones de piedra

    d Almacenes
    e Puente
    f Salón de Smenhkara

C Casa del Rey
        a Palacio
        b Patio

    c Graneros

D Casa de la Correspondencia del faraón
E Casa de la Vida
F Pequeño Templo de Atón
        a Gran Altar
        b Ventana de Apariciones

    c Santuario
    d Graneros y almacenes

G Lugar donde se acumularon las prisiones para los soldados

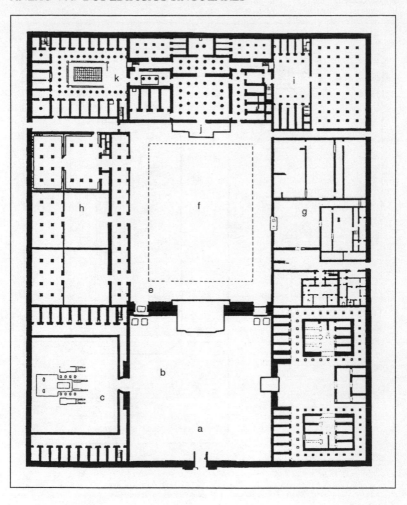

Plano del Palacio Norte. Tomado de Frankfort: *The Mural Painting of El-Amarneh*, 1929, placa XIV.

a Entrada
b Patio
c Templos
d Muro con ventana
e Segundo Patio
f Estanque

g Dependencias administrativas
h Zoo
i Apartamentos Reales
j Salas para escolta
k Pajarera

185

ANEXO 4-B.

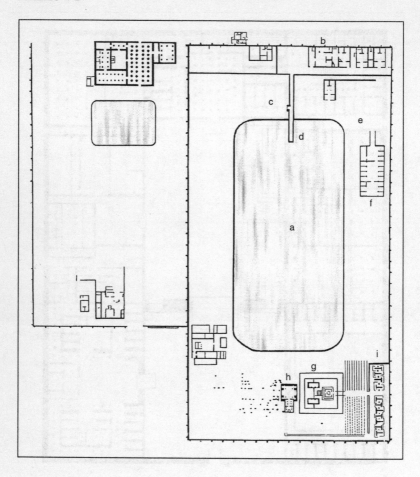

Plano del Maru Atón. Tomado de Peet &Woolley: *City of Akhenaten I*, 1923, Placa XXIX.

a Lago
b Casas guardianes
c Camino de Piedra
d Kiosco
e Habitaciones reales

f Almacenes
g Isla
h Edificio
i Patio de Aguas

ANEXO 5-A. PLANOS DE LAS CASAS ESTUDIADAS

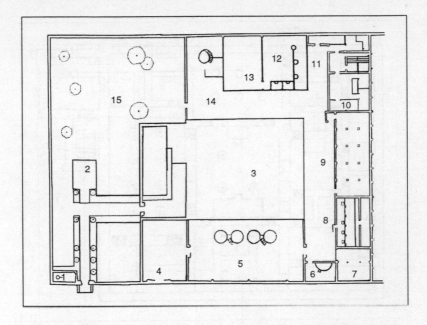

Plano de una gran villa basado en la casa tipo publicada en 1933 por Seaton Lloyd sobre elementos de varias viviendas: *Journal of Egyptian Archeology XIX, Model of a Tell El-Amarna House*, Figura 1.

1 Garita portero
2 Capilla
3 Gran Casa
4 Entrada de Servicio
5 Graneros
6 Garaje
7 Almacén de arneses
8 Cuadras
9 Habitaciones servicio
10 Cocina
11 Talleres
12 Establo
13 Patio
14 Huerta
15 Jardín de recreo

ANEXO 5-B.

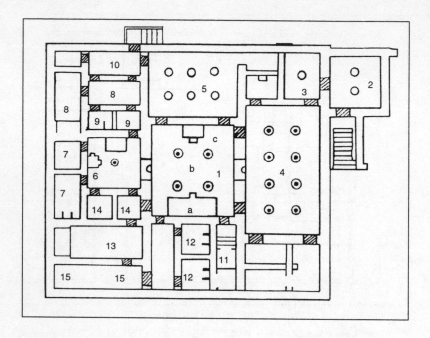

Plano de la casa del Visir Nakt. Tomado de Peet & Woolley: *The City of Akhenaten I*, 1923, Placa III.

1 Salón: a Banco
           b Brasero
           c Lavatorio
2 Vestíbulo
3 Antesala
4 Logia del Norte
5 Logia de Poniente
6 Cuarto de estar
7 Comedores

8 Habitaciones de los hijos
9 Cuarto de baño
10 Cuarto de huéspedes
11 Escalera
12 Almacenes
13 Habitación de los dueños
14 Vestidor
15 Cuarto de baño

ANEXO 5-C.

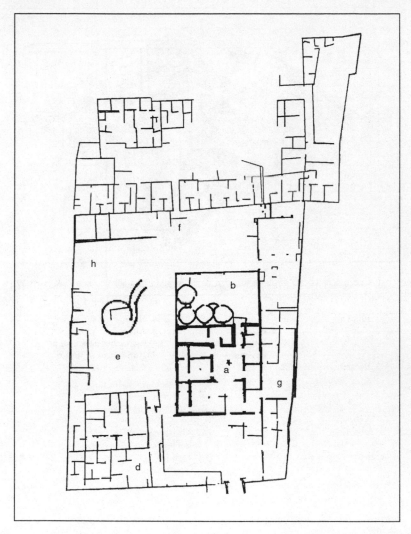

Plano de la casa y estudio del escultor Tutmosis (P 47.1-3) Según Borchardt &Ricke: *Die Wohnhäuser in Tell el Amarna*. 1980, plano 27.

a Casa
b Graneros
c Establo

d 2 viviendas
e Patio con pozo
f Pequeños talleres

g Trabajos de escayola
h Trabajos de piedra

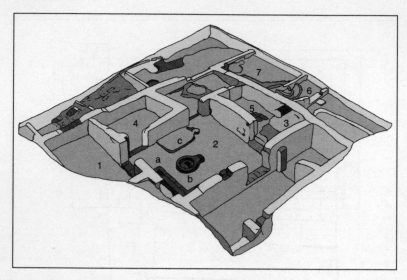

Perspectiva de la casa 46.33 de Amarna, de un artesano. Tomada de *Amarna Reports VI*. Figura 4.8.

1 Entrada
2 Sala

    a Banco
    b Brasero
    c Lavatorio

3 Escalera

4 Habitación sin techar
5 Almacén
6 Estructura para triturar
7 Horno para cerámica

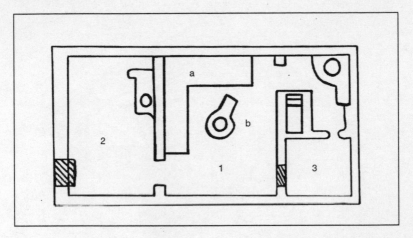

Casa tipo del barrio obrero. Dibujo de Peet & Woolley: *The City of Akhenaten I*, 1923, placa XVI.

1 Sala	a Banco	2 Habitación de entrada (taller)
	b Brasero	3 Habitación trasera (establo)